心一堂易學術數古籍整理叢刊
京氏易六親占法古籍校注系列

《火珠林》校注

麻衣道者 原著
虎易 校注

書名：《火珠林》校注
系列：心一堂易學術數古籍整理叢刊　京氏易六親占法古籍校注系列
麻衣道者　原著
虎易　校注
編輯：**陳劍聰**

出版：心一堂有限公司
通訊地址：香港九龍旺角彌敦道610號荷李活商業中心十八樓05-06室
深港讀者服務中心：中國深圳市羅湖區立新路六號羅湖商業大厦負一層008室
電話號碼：(852)90277110
網址：publish.sunyata.cc
電郵：sunyatabook@gmail.com
網店：http：//book.sunyata.cc
淘宝店地址：https：//sunyata.taobao.com
微店地址：https：//weidian.com/s/1212826297
臉書：https：//www.facebook.com/sunyatabook
讀者論壇：http：//bbs.sunyata.cc

版次：二零二一年二月初版

平裝

定價：港幣　一百五十八元正
　　　新台幣　六百四十八元正

國際書號　978-988-8582-88-4

香港發行：香港聯合書刊物流有限公司
地址：香港新界荃灣德士古道220～248號荃灣工業中心16樓
電話：(852) 2150 2100　傳真：(852) 2407 3062
電郵：info@suplogistics.com.hk
網址：http://www.suplogistics.com.hk

台灣發行：秀威資訊科技股份有限公司
地址：台灣台北市內湖區瑞光路七十六巷六十五號一樓
電話號碼：+886-2-2796-3638　傳真號碼：+886-2-2796-1377
網絡書店：www.bodbooks.com.tw
台灣秀威書店讀者服務中心：
地址：台灣台北市中山區松江路二0九號1樓
電話號碼：+886-2-2518-0207
傳真號碼：+886-2-2518-0778
網址：www.govbooks.com.tw

中國大陸發行 零售：深圳心一堂文化傳播有限公司
地址：深圳市羅湖區立新路六號羅湖商業大厦負一層008室
電話號碼：(86)0755-82224934

心一堂微店二維碼

心一堂淘寶店二維碼

火珠林　靈碁經
滴天髓　測字秘牒
百二漢鏡齋秘書四種
湖邊程氏開雕

虛白廬藏清刻《百二漢鏡齋秘書四種》本《火珠林》，輯入《心一堂術數古籍珍本叢刊 占筮類》

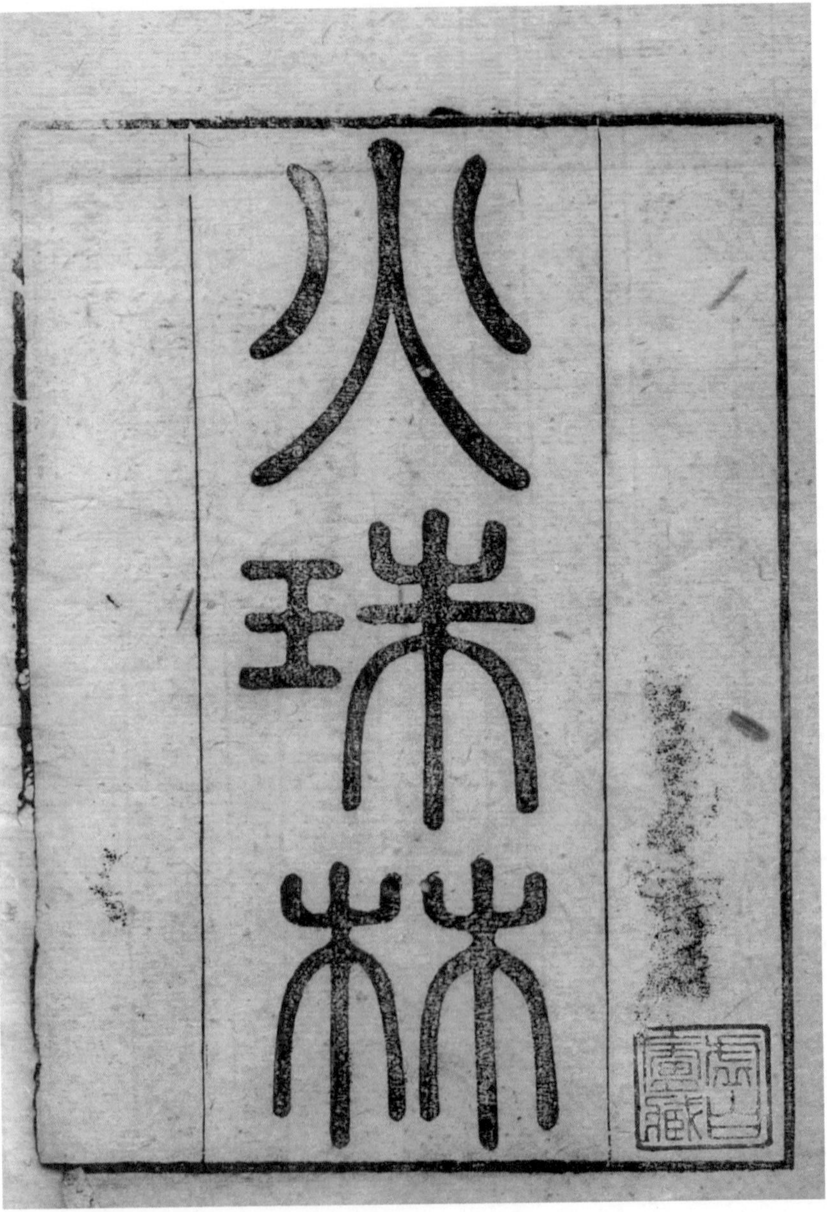

虛白廬藏清刻《百二漢鏡齋秘書四種》本《火珠林》，輯入《心一堂術數古籍珍本叢刊　占筮類》

校注整理說明

一、本稿以虛白廬藏清刻《百二漢鏡齋秘書四種》中《火珠林》為底本，參考《中國術數概觀・卜筮卷》等版本，校勘正誤，註釋，整理成稿。

二、本稿以疏通原著文意為宗旨，對原文中不易理解的內容，以及容易混淆的概念，採用「虎易按」的方式加以注釋，力求疏通文意，便於讀者閱讀理解。

三、原版無目錄，也無子目，據本書內容標題順序，及子目順序，編號歸納為目錄，插入「火珠林跋」之後，正文之前，便於讀者檢索閱讀。

四、原著中有些內容，為便於讀者閱讀，對照理解，補入附圖和附表於後。

五、原著引用其他書籍內容，遇其與引用原著有差異之處，採用已知的最早版本參考校正，以「虎易按」或者脚注方式注釋說明。

六、原版無標點，其段落之間採用空格的方式區別。本稿據其文意，採用現代標點方式，重新標點。

七、對原文空格後的段落，以及原文段落過長之處，根據其不同內容，分別採用重新起行等方式處理，不在文中另行說明。

八、對原版存在的錯字、衍字，用「校勘記」的方式注釋說明。脱字之處，採用「口」

符號填補標識。

九、對原版中的異體字、通假字，一律以通行繁體字替換，不另附說明。

十、對原版的生僻字，採用脚注方式，注入現代漢語拼音，並簡注字義。

十一．對原文中的生僻名詞，特定術語，古代人物等，採用脚注方式注釋。

十二、對文中涉及到的教學卦例，一律採用《元亨利貞網納甲六爻在線排盤系統》，排卦附後，便於讀者閱讀和理解。以出現的先後次序，順序編號。

由於本人水平所限，文字校對和標點斷句，或有不能盡如人意之處，注釋不當或者錯誤之處也在所難免。誠望方家不吝指正，以便於本書能更加完善。

京氏易學爱好者　湖北省潛江市　虎易
網名：虎易
QQ：77090074
微信：wxid_e9cvbx1mugcf22
電子郵箱：tiger1955@163.com
新浪博客：http://blog.sina.com.cn/hbhy
http://blog.sina.com.cn/u/1248458677

火珠林跋

案：《火珠林》，見於宋・馬端臨[1]《通考・經籍志[2]》者一卷，「陳氏[3]曰：無名氏。今賣卜擲錢占卦[4]，悉用此書[5]」。《宋史・藝文志》載《六十四卦火珠林》一卷，注不知作者。《朱子語類》曰：「今人以三錢當揲蓍[6]，乃漢・焦贛・京房[7]之學」。又云：「卜卦之錢，用甲子起卦，始於京房[8]」。項平甫[9]亦云：「以京房考之，世所傳《火珠林》即其遺法，《火珠林》即交、单、重、拆也」。荆溪任鈞台[10]，婺源江慎修[11]，諸儒亦以後天八卦變六十四卦，即今《火珠林》法，則《火珠林》為自宋流傳之書，信矣。

顧通考《宋志》，俱不知撰人名氏。是本題「麻衣道者[12]」著，考麻衣，唐末宋初人，苟其所著，宋人何以不知？且《卜筮元龜》[13]係宋以後之書，篇中何由援引？篇末問答，不應自稱名，而係邵子[14]之詩，豈古有是書？後世術家假名而附益之歟[15]。

然其論斷，以財官伏五鄉，而定吉凶，以世爻[16]飛伏為準。以干占天，支占人，納甲占地。公私兩用，專取財官。微而顯，簡而賅，一滴真金，源流天造，非抉《易傳》、《洞林》之秘鑰者不能也。

今卜師筮人，惟知俗傳《易冒》、《易林》、《易隱》及《增删卜易》、《卜筮正宗》諸書[17]，占事十無九驗者。若讀是刻而精研之，出而垂簾都市，當必有詫[18]管輅[19]復生，嚴遵

⑳再出者矣。然則世固有能作是書者乎？雖非麻衣，是即麻衣之徒也已。

大清道光四年歲在甲申仲春月上浣㉑
白嶽㉒廩㈠生㉓程芝雲識於湘湖之小輸廖館

注釋

①馬端臨（1254年—1323年），字貴與，號竹洲。饒州樂平（今江西樂平）人。宋元之際著名的歷史學家，著有《文獻通考》、《大學集注》、《多識錄》等著作傳世。參閱《文獻通考》。

②《通考•經籍志》：指馬端臨所著《文獻通考•經籍考》。

③陳氏：陳振孫（生於1183年），曾名瑗，字伯玉，號直齋，浙江安吉縣梅溪鎮人。南宋藏書家，以藏書知名，藏書樓名為「直齋」。先後積書達51480卷。他按《郡齋讀書志》的形式，撰成《直齋書錄解題》。

④賣卜擲錢占卦：參閱「以錢代蓍」注釋。

⑤《文獻通考•經籍考》原文作：「《火珠林》一卷。陳氏曰：無名氏。今賣卜者擲錢占卦，盡用此書」。

⑥今人以三錢當揲蓍（shé shī）：指以三個銅錢，代替蓍草揲蓍成卦。「揲蓍」亦稱「揲蓍草」，「數蓍草」。是古人以數點蓍草數，用來成卦的一種方法，稱為「揲蓍」。

⑦漢・焦贛、京房：焦贛，即焦延壽。延壽字贛。西漢梁國（今河南商丘南）人。贛貧賤，以好學得幸梁王。梁王共其資用，令極意學。既成，為郡史，察舉補小黄令，卒於小黄。贛常曰：「得我道以亡身者，必京生也。」撰《易林》十六卷。京房（前77—前37年），西漢易學家，本姓李，字君明，東郡頓丘（今河南清豐西南）人。其著作頗豐，惜多已亡佚，目前只有《京氏易傳》存世。《漢書・儒林傳》曰：「自武帝立《五經》博士」，「至元帝世，复立《京氏易》」。參閱《漢書・卷七十二・眭兩夏侯京翼李傳第四十五》《漢書・儒林傳》。

⑧卜卦之錢，用甲子起卦，始於京房：《朱子語類》曰：「今人以三錢當揲蓍，不能極其變，此只是以納甲附六爻。納甲乃漢・焦贛、京房之學」。又曰「卜易卦以錢擲，以甲子起卦，始於京房」。參閱《朱子語類・卷六十六・易二・卜筮》。

⑨項平甫：即項安世（1129—1208），字平父（一作平甫），號平庵，其先括蒼（今浙江麗水）人，後家江陵（今屬湖北）。著有《周易玩辭》等書。參閱《宋史・卷三百九十七・列傳第一百五十六・項安世》。

⑩荊溪任釣台：任啟運（1670—1744）字翼聖，世稱釣台先生，江蘇宜興人。荊溪為宜

興古縣名。

⑪江慎修：江永（1681—1762）字慎修，婺源江灣人（今屬江西）。著有《周易釋義》、《河洛精蘊》等著作。

⑫麻衣道者：相傳為唐末宋初之人，据說陳摶（tuán）曾受易於麻衣道者。

⑬《卜筮元龜》：元・建安・蕭吉文著，元・大德十一年，即公元1307年。

⑭邵子：邵雍（1011—1077）字堯夫，謚號康節，自號安樂先生、伊川翁，後人稱百源先生，尊稱邵子。其先范陽（今河北涿縣）人，幼隨父遷共城（今河南輝縣）。少有志，讀書蘇門山百源上。仁宗嘉祐及神宗熙寧中，先後被召授官，皆不赴。創「先天學」，以為萬物皆由「太極」演化而成。著有《觀物篇》、《先天圖》、《伊川擊壤集》、《皇極經世》等著作。參閱《宋史・列傳第一百八十六・道學一・邵雍》。

⑮歟（yú）：文言助詞，表示疑問、感歎、反詰等語氣。

⑯爻（yáo）：《周易》中組成卦畫的符號。「—」為陽爻，「--」為陰爻。每三爻合成一卦，可得八卦。兩卦相重（為六爻），則得六十四卦，也稱為別卦、重卦、六爻卦。爻，含有交错和變化之意。

⑰《易冒》、《易林》、《易隱》及《增刪卜易》、《卜筮正宗》諸書：《易冒》，新安・程良玉著，康熙三年甲辰年，公元1664年。《易林》應該是指《易林補遺》，明・張世寶著，

萬曆癸卯年，萬曆三十一年，公元1603年。《易隱》，明・曹九錫輯・曹璿演・明崇禎天德堂刻本。《增刪卜易》野鶴老人著，湖南李文輝增刪，康熙二十九年，公元1690年。《卜筮正宗》，清・王洪緒著，康熙四十八年，己丑年，公元1709年。

⑱ 詫（chà）：驚訝。

⑲ 管輅（lù）：（209—256），字公明，平原（今山東平原）人。三國時魏術士。精通《周易》，善於卜筮、相術，習鳥語，相傳每言輒中，出神入化。正元初，為少府丞。北宋時被追封為平原子。管輅是歷史上著名的術士，被後世奉為卜卦觀相的祖師。參閱《三國志・魏書第二十九・方技傳・管輅》。

⑳ 嚴遵：嚴君平，西漢蜀郡成都人。「卜筮於成都市」，隱居不仕。參閱《漢書・卷七十二・王貢兩龔鮑傳》。

㉑ 甲申仲春月上浣：甲申指公元1824年，仲春指陰曆二月，上浣指上旬。即公元1824年陰曆二月上旬。

㉒ 白嶽：今黃山市休寧縣齊雲山，古稱白嶽。

㉓ 廩（lǐn）生：明清兩代，稱由公家給以膳食的生員。參閱《明史・選舉志一》、《清史稿・選舉志一》。

校勘記

㊀「廪」，原本作「廩」，疑誤，據其文意改。

目錄

《京氏易六親占法古籍校注》總序（代自序）

中國古代的占卜預測，源遠流長，林林總總，類型繁多。例如：龜卜占、象占、星占、夢占、風角鳥占、拆字占、手面相占、奇門、六壬、太乙、四柱八字、六爻占、六親占、梅花易占、紫微占、雜占等各種術數占卜預測方法。《左傳》、《國語》、《史記》以及二十五史和各種古代筆記等著作，就記錄有很多預測的占例。清代《欽定四庫全書》，將各種預測類的書籍，統歸於《子部•術數類》，因此，各種預測的方法和門類，又可統稱為「術數」。「京氏易六親占法」，就是這些術數中的一個獨立的預測種類。

（一）

「京氏易六親占法」，是西漢•京房創立的以易經為基礎，採用納甲、五行、六親等各種體例，納入卦中的一種預測方法，也是各種術數中比較系統和成熟的方法。據《漢書•眭兩夏侯京翼李傳》記載：「京房字君明，東郡頓丘人也。治《易》，事梁人焦延壽」。又曰：「房本姓李，推律自定為京氏」。又曰：「其說長於災變，分六十四卦，更直日用事，以風雨寒溫為候，各有占驗。房用之尤精。好鐘律，知音聲」。《漢書•儒林傳》曰：「京房受《易》梁人焦延壽。延壽云：『嘗從孟喜問《易》』。會喜死，房以為延壽《易》即孟氏學，翟牧、白生不肯，皆曰非也。至成帝時，劉向校書，考《易》說，以為諸《易》家說皆祖田何、楊叔元、丁將軍，大誼略同，唯京氏為異，倘焦延壽獨得隱士之說，托之孟氏，不相與同。房以明災異得幸，為石顯所譖誅，自有傳。房授東海殷嘉、河東姚平、河南乘弘，皆為郎、博士。由是《易》有京氏之學」。「自武帝立《五經》博士，開弟子員，設科射策，勸以官祿」。「至元帝世，復立《京氏易》」。「京氏易」在漢代元帝時被立為博士，足以證明其學說，是當時具有很高學術地位和學術價值的。

《欽定四庫全書》提要記載：「《京氏易傳》三卷，漢•京房撰、吳•陸績注」。「績有易注，已著錄房所著有《易傳》三卷，《周易章句》十卷，《周易錯卦》十卷，《周易妖占》十二卷，《周易占事》十二卷，《周易守株》三卷，《周易飛候》九卷，又六卷《周易飛候》，《六日七分》八卷，《周易四時候》四卷，《周易混沌》四卷，《周易委化》四卷，《周易逆刺占災異》十二卷，《易傳積算法、集占條例》一卷。今惟《易傳》存」。從以上記錄可以知道，京房的著作，唯有《京氏易傳》得以保存下來，絕大多數都已經亡佚。

南宋•晁公武（約1104—約1183年）《郡齋讀書志》曰：「景迂嘗曰：余自元豐壬戌偶脫去舉子事業，便有志學易，而輒好王氏。本妄以謂弼之外，當自有名象者，果得京氏傳。而文字顛倒舛訛，不可訓知。迨其服習甚久，漸有所窺，今三十有四年矣，乃能以其象數，辨正文字之舛謬。於邊郡山房寂寞之中，而私識之曰：是書兆《乾》《坤》之二象以成八卦，凡八變而六十有四。於其往來升降之際，以觀消息盈虛於天地之元，而酬酢乎萬物之表者，炳然在目也」。從以上記錄可知，目前傳世的《京氏易傳》，是北宋•晁景迂經歷三十四年的研究後，重新編排整理成書的。

唐宋以前記錄有「京氏易六親占法」相關資料，惟有元代胡一桂收錄的晉代郭璞的《郭氏洞林》了。

《火珠林》是目前存世的「京氏易六親占法」的第一本系統性著作，作者題為「麻衣道者」，後人據此認為，大約是唐末宋初的作品。宋人項世安（1129－1208）謂：「以京房考之，世所傳《火珠林》即其遺法，《火珠林》即交單重拆也」。張行成亦謂：「《火珠林》之用，祖於京房」。《朱子語類》曰：「卜卦之錢，用甲子起卦，始於京房」。又云：「今人以三錢當揲蓍，乃漢•焦贛、京房之學」。

自《京氏易傳》、《火珠林》重新問世，其後宋、元、明、清時期，又有《卜筮元龜》、《海底眼》、《天玄賦》、《黃金策》、《易林補遺》、《易隱》、《易冒》、《增刪卜易》、《卜筮正宗》等著作，以及《卜筮全書》、《斷易天機》、《易隱》等輯錄本著作面世，經歷代作者不斷實踐，修改、注釋、補遺，使「京氏易六親占法」這種優秀的文化遺產，得以不斷傳承和完善。

（二）

為了讓讀者對「京氏易六親占法」系列古籍著作，有個初步的瞭解，下面對選擇、注釋和整理的「京氏易六親占法」系列古籍著作，選擇的校錄版本及內容，做一個簡單的介紹，供讀者參考。

京氏易六親占法古籍著作叢書之一《京氏易傳》：

作者：漢•京房：（公元前77年—前37年。）據【明•兵部侍郎范欽訂】「天一閣」本，作為校錄底本，參考《漢魏叢書•明•新安程榮校》本，及《欽定四庫全書》，校注整理。字數大約4.1萬。

《京氏易傳》，是漢代•京房的著作，據《郡齋讀書志》晁公武曰：「漢《藝文志》易京氏凡三種，八十九篇。隋《經籍志》有《京氏章句》十卷，又有《占候》十種，七十三卷。唐《藝文志》有《京氏章句》十卷，而《易占候》存者五種，二十三卷。今其章句亡矣。乃略見於僧一行及李鼎祚之書。今傳者曰《京氏積算易傳》三卷，《雜占條例法》一卷，或共題《易傳》四卷，而名皆與古不同。今所謂《京氏易傳》者，或題曰《京氏積算易傳》者，疑隋、唐《志》之《錯卦》是也。《雜占條例法》者，疑唐《志》之《逆刺占災異》是也。《錯卦》在隋七卷，唐八卷，所謂《積算》《雜》《逆刺占災異》十二卷是也。至唐，《逆刺》三卷，而亡其八卷。元佑八年，高麗進書，有《京氏周易占》十卷，疑隋《周易占》十二卷是也。是古易家有書，而無傳者多矣。京氏之書，幸而與存者才十之一，尚何離夫師說邪」？目前京房的著作，繼續傳世的僅《京氏易傳》，其他著作均已亡佚。《京氏易傳》構建了「京氏易六親占法」的的理論基礎，以及六親體系架構，為該占法提供了理論和體系上的重要框架。

京氏易六親占法古籍著作叢書之二（一）《郭氏洞林》

作者：晉•郭璞：（公元276年—324年）。元•胡一桂抄錄。據《欽定四庫全書•周易啟蒙翼傳•外篇》本，作為校錄底本，參考《欽定古今圖書集成》理學彙編經籍典•易經部•易學別傳十一•晉《郭璞洞林》，校注整理。字數大約0.8萬。

《郭氏洞林》是最早集錄郭璞卦例的著作，其收錄的十三個卦例，對於後來的學者，研究郭璞的占法及其思路，是很好的原始資料，對於研究郭璞的易學思想和占法，具有一定的參考價值。

京氏易六親占法古籍著作叢書之二（二）《周易洞林》：

作者：晉•郭璞：（公元276年—324年）。清•王謨輯。據清嘉慶3年王謨刻本，作為校錄底本，校注整理。字數大約1.4萬。

《周易洞林》在《郭氏洞林》的基礎上，又從其他古籍中，收錄了一些關於郭璞的卦例和事例，對於研究郭璞的思想和占法，具有一定的參考價值。

京氏易六親占法古籍著作叢書之三《易洞林》：

作者：晉•郭璞：（公元276年—324年）。清•馬國翰輯。據盧白盧藏嫏嬛館補校本，即《玉函山房輯佚書》本，作為校錄底本，校注整理。字數大約2.4萬。

《易洞林》也是在《郭氏洞林》和《周易洞林》的基礎上，又從其他古籍中，收錄了一些關於郭璞的卦例和事例，對於研究郭璞的思想和占法，具有一定的參考價值。

京氏易六親占法古籍著作叢書之四《火珠林》：

作者：麻衣道者。相傳為唐末宋初時期的著作。據盧白盧藏《漢鏡齋秘書四種•火珠林》本，作為校錄底本，校注整理。字數大約5.9萬。

《火珠林》這本著作的問世，為「京氏易六親占法」的應用，提供了第一本系統的著作。該著作對京氏易的體例進行了論述，也用一些占例，解說了「京氏易六親占法」的應用方法，本書對於研究「京氏易六親占法」，具有很高的學術價值，也具有很重要的研究和參考價值。

京氏易六親占法古籍著作叢書之五《增注周易神應六親百章海底眼》，簡稱《增注海底眼》：

作者：王鼒；重編：何侁、信亨。南宋•淳佑（甲辰年•公元1244年）。據《續修四庫全書》一〇五五冊•子部•術數類《增注周易神應六親百章海底眼》本，作為校錄底本，參考「國家圖書館•古籍館」清代抄本，校注整理。字數大約2萬。

《增注海底眼》這本著作，著重論述了一些基本概念和知識，以及五行的對應方法和應用，並編制大量歌訣，幫助讀者理解和記憶。特別是對六親的概念，進行了重點論述，本書是「京氏易六親占法」體系中的一本重要著作，對於研究「京氏易六親占法」传承，具有比較重要的研究和參考價值。

京氏易六親占法古籍著作叢書之六《大易斷例卜筮元龜》，簡稱《卜筮元龜》：

作者：元•蕭吉文。元•大德十一年（丁未年•公元1307年）。據日本京都大學附屬圖書館《大易斷例卜筮元龜》手抄本上卷本，作為校錄底本，參考《斷易天機》輯錄資料，校注整理。字數大約9.5萬。

《卜筮元龜》這本著作，在國內基本已經失傳了，這次是根據日本京都大學附屬圖書館《大易斷例卜筮元龜》手抄本，校對注釋整理的。該著作首次附入大量配圖，補充了「京氏易六親占法」應用的很多基礎知識和概念，並首次提出了「以錢代蓍法」的成卦方法，將「京氏易六親占法」占卜預測分門別類，作了進一步的細化，本書也是「京氏易六親占法」體系中的一本重要著作，對于研究「京氏易六親占法」传承，具有很重要的研究和參考價值。

京氏易六親占法古籍著作叢書之七《周易尚占》：

作者：元•李清庵。元•大德十一年（丁未年•公元1307年）。據《四庫全書存目叢書•子部•術數類•周易尚占》本，作為校錄底本，校注整理。字數大約4.2萬。

《周易尚占》這本著作，是與《卜筮元龜》為同一時期的作品，首次附入十幅配圖，補充了「京氏易六親占法」應用的一些基礎知識和概念，下卷有六十四卦納甲、世應等內容，並有六十四卦的詩歌斷例，具有一定的參考價值。

京氏易六親占法古籍著作叢書之八《新鍥纂集諸家全書大成斷易天機》，又稱為《增補鬼谷源流斷易天機》（寶善堂梓行），簡稱《斷易天機》：

作者：明•劉世傑。明•嘉靖十七年（戊戌年•公元1538年）。豫錦誠•徐紹錦校正；閩書林•鄭雲齋梓行本，作為校錄底本，參考《卜筮元龜》、《卜筮全書》等著作，校注整理。字數大約39.6萬。

《斷易天機》這本著作的初版，在國內基本已經失傳了，這次是根據心一堂據日本傳本影印版校對注釋整理的。本書是「京氏易六親占法」的第二個匯輯本，收錄了此前「京氏易六親占法」各種著作，各種基礎知識理論和實踐方法內容，特別是首次出現了「鬼谷辨爻法」這種六親爻位的對應方法，為「京氏易六親占法」的應用，提供了預測分析的思路，擴展了預測分析的信息。這本著作，是「京氏易六親占法」系列古籍中的一本重要著作，對於研究「京氏易六親占法」傳承，具有很重要的研究和參考價值。

京氏易六親占法古籍著作叢書之九《易林補遺》：

作者：明•張世寶。萬曆三十四年（丙午年•公元1306年）。據《易林補遺》初版本，作為校錄底本，校注整理。字數大約14.5萬。

《易林補遺》這本著作，對「京氏易六親占法」以前各種著作的缺失，進行了一些分析和補充。作者雖然是一個盲人，但不迷信於鬼神，根據當時社會上普遍存在的有病則求神問卜的現象，他主張有病應該找醫生治療，避免殘害生命以及造成錢財的浪費。他提出了「爻爻有伏有飛，伏無不用」的論述，把「飛伏」的應用方法，更加彰顯出來。並成功的將「反吟」、「伏吟」的概念，納入「京氏易六親占法」體系，使這個體系的應用更加完備。

京氏易六親占法古籍著作叢書之十《卜筮全書》：

作者：明•姚際隆。崇禎三年（庚午年•公元1630年）。據《卜筮全書》初版本，作為校錄底本，校注整理。字數大約34.8萬。

《卜筮全書》這本著作，是「京氏易六親占法」的第一個匯輯本，首次正式納入了《天玄賦》這本著作。現存的書籍，是後來修訂的版本，首次正式納入了《黃金策》，對京氏易占法的理論和實踐體系，比較全面的進行了彙編，具有很重要的研究和參考價值。

京氏易六親占法古籍著作叢書之十一《易隱》：

作者：明•曹九錫（明•天啟五年前後•公元1625年前後）。據「國家圖書館•古籍館」最早版本，作為校錄底本，參考清代多個版本，校注整理。字數大約21.3萬。

《易隱》這本著作，應該是「京氏易六親占法」的第三個匯輯本，書中引錄了大量古籍資料。特別是其中「身命占」和「家宅占」的內容，將預測分類更細，也為後來的學者，提供了一個細化分析的基本框架，具有重要的研究價值。

京氏易六親占法古籍著作叢書之十二《易冒》：

作者：清•程良玉。清•康熙三年（甲辰年•公元1664年）。據江蘇巡撫採進本，作為校錄底本，校注整理。字數大約12.7萬。

《易冒》這本著作，作者雖然也是一位盲人，但他對於很多基礎知識，進行追本求源，並對其來源及推演方法，進行了論述。對於各種成卦方式，他提出了自己的看法，對幫助讀者打破迷信，樹立客觀的思想，起到重要作用。本書在學術研究上，具有一定的價值。

京氏易六親占法古籍著作叢書之十三《增刪卜易》：

作者：清•李文輝。清•康熙二十九年（庚午年•公元1690年）。據清•康熙年間古吳陳長卿刻本《增刪卜易》爲底本，作為校錄底本，校注整理。字數大約25.2萬。

《增刪卜易》這本著作，對「京氏易六親占法」的應用，化繁為簡，提出採用指占之法，讓信息直接切入預測的核心。又提出分占之法，便於釐清不易辨別的問題，避免信息產生混淆。同時，還提出了多占之法，用以追蹤求測人所疑，查找產生問題的原因，尋找出解決問題的方法。當設計出解決問題的方法後，還可以檢驗其是否具有解決問題的功能。本書在學術研究上，具有一定的價值。

京氏易六親占法古籍著作叢書之十四《卜筮正宗》：

作者：清•王洪緒。清•康熙四十八年（己丑年•公元1709年）。據清初刻本，作為校錄底本，校注整理。字數大約21.8萬。

《卜筮正宗》這本著作，對《黃金策》的注釋部分，有自己獨特的見解。對當時社會上存在的一些問題，也做出了自己的回答。對十八個類型的問題，也進行了論述。不足之處，在於作者為了強求對應，篡改了《增刪卜易》一些卦例的原始內容，這些需要讀者注意的。

京氏易六親占法古籍著作叢書之十五《御定卜筮精蘊》：

作者不詳，大約是清代的版本。據《故宮珍本叢刊》本，作為校錄底本，校注整理。字數大約7.5萬。

《御定卜筮精蘊》這本著作，是「京氏易六親占法」體例的一個精編本，大量內容都是從之前的古籍中來。作者去粗取精，去偽存真，也是具有一定研究價值的著作。

【編按：以上大部分版本，輯入《心一堂易學經典叢刊》或《心一堂術數古籍珍本叢刊》】

（三）

我為什麼要把這些古籍著作，定名為「京氏易六親占法」呢？我這樣做，既是為了統一學術稱謂，也是為了給「京氏易」正名，使「京氏易」占法不至於与其他占卜方式混淆。

《京氏易傳》是將六十四卦，分屬乾、震、坎、艮、坤、巽、離、兌八宮，一宮統八卦。八宮所屬五行，乾、兌宮屬金，震、巽宮屬木，坎宮屬水，離宮屬火，坤、艮宮屬土。每個卦所附「父母、官鬼、兄弟、子孫、妻財」等六親，是根據這個卦原來所屬之宮的五行，按「生我者為父母、我生者為子孫、尅我者為官鬼、我尅者為妻財、比和者為兄弟」的體例，推演得來的。預測時以六親類比事物的爻，也稱為「用神」，「用爻」，「用事爻」等等，用來分析事物的吉凶發展趨勢。

《火珠林·序》曰：「繼自四聖人後，易卜以錢代蓍，法後天八宮卦，變以致用，實補前人未備之一端，見《京房易傳》，未詳始自何人。先賢云：『後天八宮卦，變六十四卦，即《火珠林》法』，則是書當為錢卜所宗仰也，特派衍支分，人爭著述，炫奇標異，原旨反晦。今得麻衣道者鈔本，反覆詳究。其論六親，財官輔助，合世應、日月、飛伏、動靜，並尅害、刑合、墓旺、空沖以定斷。與時傳易卜，同中有異，古法可參。如所云『卦定根源，六親為主，爻究傍通，五行而取』，即《京君明海底眼》『不離元宮五向推』之旨也」。

《增注海底眼·六親》曰：「六親占法少人知，不離元宮五向推」。本書提出「六親占法」的概念，我認為「六親占法」是最能代表京氏易預測體系特徵的名稱，比之「納甲占法」和「六爻占法」的說法，更為名實相符，客觀合理一些。

基於京氏易預測體系的特徵，我認為，凡採用京氏易體系預測理論及方法，就應該稱為「京氏易六親占法」，或者稱為「京氏易六親預測法」，或簡稱為「六親占法」、「六親預測法」為宜。

《論語·子路》曰：「子曰：『必也正名乎』」，「名不正，則言不順；言不順，則事不成」。經歷了二十多年的混亂，現在是到了應該為「京氏易六親占法」正名的時候了。為什麼要為「京氏易六親占法」正名呢？只有名正，實符，稱謂統一，大家交流才會順暢，有共同語言，理解才不會產生歧義，進行學術的研究才能進入正軌。同時，也可以讓後來的學習者，不被社會上各種廣告性名詞所欺騙和誤導。

從古至今，都有學者提出以「納甲」命名的名稱，他們是根據「京氏易」體系，將每個卦納入天干的特徵而命名的。我們知道，京氏易體系，除了納入天干，還有納入地支，五星，二十八宿，六親等各種內容，而「納甲」并非是具有「京氏易」占法主要特徵的名稱。當然，也有占卜書籍，根據採用金錢搖卦的起卦方式，命名為「金錢占卦法」的。

上世紀九十年代後，社會上「大師輩出」，他們提出很多新奇的名詞，比如什麼「太極預測法」、「無極預測法」。我們看看《漢典》對「太極」和「無極」的解釋：古代哲學家稱最原始的混沌之氣為「太極」。天地混沌未分以前，稱為「太極」。「中國古代哲學中認為形成宇宙萬物的本原。以其無形無象，無聲無色，無始無終，無可指名，故曰無極」。從《漢典》的解釋看，很顯然，這兩種命名與「京氏易」預測方式是不吻合的，這樣的名詞，只是為了吸引讀者眼球，採用新奇的名詞而已。

至於社會上還流傳的「六爻預測法」、「新派六爻法」、「盲派六爻」、「道家六爻」，「道家換宮六爻」等等名稱，不一而足，無非是為了標新立異。以上各種名稱，以簡稱「六爻」者為多，因此，「六爻」這個名詞，就成為民間大眾對「京氏易六親占法」的俗稱了。

「六爻」　這個名稱，是以卦有六個爻的特徵命名，是古代經學的代表名稱，在「京氏易」占法中，並不具有代表性。我們應該知道，古人經學所稱的「六爻占」法，是採用卦爻辭和象辭進行預測的方法，如《新鍥纂集諸家全書大成斷易天機》第三、四卷，其中就有「六爻詩斷」的內容，讀者可以參閱。

還有人將「京氏易六親占法」體系的預測方法，分成什麼「傳統派」，「新派」，「象法派」，「理法派」、「盲派」等等，這些名稱，只能是某一個類型的表示，與京氏易採用「象數理占」為一體的預測方式，是不能類比的。

由於社會上紛紛擾擾的各種說法，導致大家對京氏易預測方法產生混亂的看法，致使大家在交流時，產生了學術上的一些混亂。

我認為，早期邵偉華先生用《周易預測學》的名稱，是為了避免當時意識形態影響的原因而採用的名稱，但之後出現的各種名稱，無非是為了標新立異，吸引讀者眼球，或是有欺騙讀者的廣告嫌疑。因此，現在已經到了必須為「京氏易六親占法」正名的时候了。

（四）

根據我在社會上和網絡上的多年學習和實踐觀察，發現目前在「京氏易六親占法」學習上，普遍存在著一些誤區，應該引起大家的注意。

一是由於國家對於術數，持比較低調的態度，出版的古籍由於選擇底版的不足，即使是正規出版的書籍，因編輯自身能力的原因，也存在太多錯誤，或者出現一些缺漏，影響了讀者的正常學習。加上這二十多年來，「大師」輩出，他們印刷了很多並非合法的資料，還有一些人，將一些資料東拼西湊成書，更是誤導了很多讀者。

二是有些人認為，「京氏易六親占法」不如「三式」準確，「三式」才是術數中最好，最準確的。《四庫全書總目•術數二•六壬大全》：「六壬與遁甲、太乙，世謂之三式」。根據我和很多朋友的交流和實踐，我認為，術數無高低之分，只有學得好與不好之別，沒有任何一門術數可以稱為是最準確和最好的。讀者應該根據各自的興趣愛好，選擇適合自己學習種類。

三是有些人認為，只有找「大師」學習，得到所謂秘訣，才能學好用活。我們知道，早期由於歷史的原因，古籍資料獲得不易，大家尋求不到可以學習的資料，因此造成很多不明真相的後學，被一些「大師」矇騙錢財。我認為，學習任何術數，都沒有所謂的秘訣，只有基礎知識扎實，才是最好的秘訣。另外，在網絡上，很多群和聊天室，大多數人都還停留在猜謎語式的猜測中，不能客觀的運用「象數理占」的基本分析方法，去進行分析判斷，既可能誤導求測人，又對自己的學習無益，這樣的現象是不太正常的。我認為在現代社會，每個人都可以利用網絡，獲取各種資料信息，應該多讀一些書，多和不同的人去交流，利用網絡資源去學習，在實踐中去加深對理論和基礎知識的理解，要把每一個求測人都當作老師，從他們反饋的客觀信息，不斷有意識、有條理的訓練自己。只要不斷努力積累各種基礎知識以及社會常識，勤於記錄，多作積累，自然就能學得好、用得活。當然，如果有機會和條件的話，有老師指導學習，是可以少走一些彎路的。對於有自學能力的人來說，只要有精良的書籍版本，自學也是可以成功的。

四是有些人認為，「京氏易六親占法」預測，只有採用乾隆銅錢搖卦，才是最準確的。據可考的古籍記載，我國最早的成卦方式，應該是「蓍草揲蓍」法，即分數蓍草，得數以成卦的方法。除此之外，後世的先賢們，還創造了多種成卦的方法，例如「以錢代蓍」，「風角」，「字畫」，「數字」等各種成卦方法，讀者可參考《梅花易數》及其他相關書籍，去瞭解這些應用方法。對於各種成卦方式，古今均有各種非議，即使是目前被大家認同的「以錢代蓍」法，據《易隱》記載，也曾經被京房之師焦延壽批評過。《易隱•以錢代蓍法》曰：「焦延壽曰：今人以蓍草難得，用金錢代之。法固簡易，非其類矣。求蓍之代者，太極丸其庶幾乎。考諸陰陽老少之數，則合。質諸成爻成卦之變，則符。合二三得五，是五行之數也。計一丸得十五，是河圖中宮十五之數，洛書縱橫十五之數也。刑同六合，道備三才，甚矣。木丸之似蓍草也，則猶從其類也。金錢簡易云乎哉」。

現代的「大師」們，跟隨古代一些崇古的人，發展了這種崇古的思維。他們認為，乾隆銅錢具有良好的導電性，可以傳遞什麼古代信息，殘存信息，未來信息等等，因此只有採用乾隆銅錢成卦才是最好的，還有人認為，應該採用五帝錢成卦，信息量就大，還有人認為，應該採用「五帝」錢成卦，信息量就大，信息才準確。如果採用其他的銅錢成卦，就可能會造成信息不準確。如果採用數字起卦，或者其他方式成卦，則會造成信息量不足，更不準確了。

我認為，以上這些說法，是十分滑稽可笑和荒謬的，沒有任何理論和實踐的依據。試問，如果說銅的導電性好，那麼銀比銅的導電性更好，為什麼不採用銀幣呢？這都是出於他們崇古的思維，或限於他們自己僅會某種方法，或出於其他目的，或出於他們並沒有真正理解《易經》「感而遂通」之理，均屬無稽之談，讀者不可盲目迷信。

《易冒•自序》曰：「古之人，有以風占、鳥占、諺占，言語卜、威儀卜、政事卜，是無卜筮，而知吉凶也。況蓍草、金錢、木丸之占，而必執同異相非乎」？又曰：「愚以為：易者，象也；象也者，像也。其辭則異，其象則符。但告於蓍則以蓍占，告於五行則以五行占，告於焦氏則以焦氏占可也。其成卦成爻一也」。三百五十年前的一个盲人作者，尚且具有如此見識，實可令以上非議之人汗顏。

我認為，時代在不斷變化，我們現在已經進入電腦手機時代，很多網上的排盤系統，都是十分快捷的方法。為人預測和給自己預測，不管採用何種方式成卦，都可以獲取與求測的人和事物相關的客觀信息。各種成卦方式的原理，不在於採用乾隆銅錢所謂「導電性」是否良好，而是在於《易傳》所說的「感而遂通」。其要點在於，求測人求測時的「一念之誠」，即客觀的說明需要預測的事物，不可雜亂。

五是有些人認為，預測的結果，吉凶應該就是唯一的。我們知道，人們預測的目的，就是為了「趨吉避凶」，不是僅僅需要知道一個所謂吉凶的結果，而是希望讓事物能夠向有利於自己的方向，避開不利於自己的方向，得到有效改善和發展。這樣不是很矛盾嗎？既然吉凶的結果是唯一的，如何又能「趨吉避凶」呢？預測又有什麼意義呢？換言之，既然可以「趨吉避凶」，那吉凶結果就不可能是唯一的，是可以因人因事而發生改變的。以上兩種看法，看似悖論。

「京氏易六親占法」，給看似無序的天地和人事，架構了一個對應的坐標。利用這個坐標，我們就可以分析、判斷、選擇出有利於我們的為人處世方式。客觀的說，任何預測方法，任何人預測，都不可能和客觀的事物完全準確對應，總是存在有不對應的情況發生。大多數時候，求測人所需要面對的，是對於未來事物的發展，如何去選擇的取捨問題。因此，預測師要根據卦中顯示的信息，客觀的解讀，幫助求測人找到存在的問題，以及產生問題的原因，指導求測人改善不客觀的認識，尋找正確的方法，以達到「趨吉避凶」的目的。

《增刪卜易·趨避章》曰：「聖人作易，原令人趨吉避凶。若使吉不可趨，凶不可避，聖人作之何益？世人卜之何用」？

我們也必須知道，並不是所有的人和事物，都是可依主觀的變化而發生改變的。這是需要求測人能按照預測師的指導，自己首先認識，按照可以向好的方向轉化的方式，堅持努力調整，才可以達成事物向有利於自己的方向去發展的。如果求測人不能認識，即使知道問題所在，也不願意去努力調整，那麼事物就會沿著之前的方向運行下去。

我的看法，預測是對事物發展過程，發展趨勢的分析判斷，其預測結果也並非是唯一的，可因人、因事而發生改變。對於有些已經發生，或者處於事物運行過程末端，已經無法改變的事物，其結果可能就是唯一的。例如面臨高考，已經沒有時間改善，那麼，考試成績的結果就是唯一的。再如已經懷孕，測懷孕的是男是女，結果也必然是唯一的。對於有些還未發生，或者正處於運行過程開始的事物，其結果可以因求測人的主觀變化和調整，而發生改變，其最後的結果，就並非是唯一的了。例如測以後的高考成績，則可以根據學生的客觀情況，指導其在生理、心理的調整，學習環境、學習方法的調整方面，做出有利的改善，幫助提高學習的成績。再如測找工作，可以根據客觀的信息，指導求測人在有利的時機、有利的方位去尋找，可以做到事半功倍。

六是有些人認為，應期要絕對的對應。當然，我們應該知道，應期的問題，是一個比較複雜的問題，每個卦中，能顯示應期的方式是多樣性的。我們在實踐中會經常發現，應期會出現早一些和晚一些的情況。究其原因，除了預測師的自身能力以外，還有一個不能忽視的原因，即時間和空間的不確定性。愛因斯坦的廣義相對論認為：「由於有物質的存在，空間和時間會發生彎曲，而引力場實際上是一個彎曲的時空」。因此，在時空發生彎曲的情況下，出現不能完全對應的情況，是客觀存在的，也是我們必須客觀面對的。

七是社會上出現的所謂「象法派」，「理法派」，看似新的流派。「象法派」重於象而輕於理，「理法派」重於理而輕於象，這兩者各有偏頗，偏廢一端，這都是不可取的。我們知道，「象數理占」在京氏易預測分析中，是一個整體，不可偏廢。我們應該綜合應用「象數理占」的方法，整體思維，整體分析為宜。

（五）

我們學習古代的術數方法，一方面要傳承古人的優秀文化，另一方面更要挖掘古人的智慧和方法，要結合當時的時代特徵，擴展更加廣闊的應用領域。

一是要在繼承古代優秀文化的基礎上，善於吸取古人的智慧，充分挖掘古籍的信息。有些已經發現的應用方法，例如元代著作《大易斷例卜筮元龜•占家內行人知在何處章》曰：「凡占行人在何處，子變印綬父母擬」，注釋曰：「以卦所生為爻。假令《困》卦，五月卦屬火，則丁未為子爻，戊寅為父母也」，這裡隱含的提出了轉換六親的概念。由於作者沒有清晰的注釋說明，六親轉換的內容比較含糊，以致很難被讀者發現和理解。《新鍥斷易天機》轉錄此內容為：「凡占行人在何處，子變應爻父母擬」，將原文的「印綬」兩字，錯錄為「應爻」兩字，導致讀者根本無法理解，以至於後來的著作，就沒有這樣的內容了，致使「轉換六親」的方法幾乎失傳。

我在校對整理這些古籍時，看到了這樣零星的材料，按照其原理進行還原，知道了這種轉換的方法。經過多年的應用實踐，我認為認識和掌握了這種轉換的方法，我們就可以從卦中，獲取與求測人相關的更多信息，甚至發現很多用常規方式，不可能發現的信息、隱蔽的信息。可以幫助我們，尋找影響求測人和事物關係的背後原因，便於更好的為求測人提供分析和化解的有效服務。

幾種轉換六親的方式如下：

1、以世爻為「我」轉換六親。

2、以用神為「我」轉換六親。

3、以月卦身為「我」，進行轉換六親。

4、以卦中的任一爻為「我」轉換六親。

有些還沒有發現，或者古籍中還存在的隱藏線索，或者古人沒有說透的概念，例如納音的應用，也需要讀者，或者後來的學者，去不斷挖掘，不斷研究，不斷完善。

二是要在繼承的基礎上，將古人成熟的應用方法，歸納整理，擴展更寬的應用領域。

例如「象數理占」，這是京氏易預測的基本方法，所謂「象」，即事物基本的屬性具象。簡單歸納如下：

一、卦宮象：如乾宮，坤宮象等。

二、內外象：如外卦主外、高、遠象；內卦主內、低矮、近象。

三、爻性象：如陽爻有剛象，陰爻有柔象。陽主過去象，陰主未來象等。

四、爻位象：如初爻元士，二爻大夫等象。初爻主腳，三爻主腹，六爻主頭等象。

五、五行象：如甲乙寅木屬木，丙丁巳午屬火等象。五行表示對應的時間、空間之象。

六、六親象：如父母爻主父母、長輩、文章、老師、論文、文憑、證件、證據、防護裝備，信息物品等象。

七、六神象：如青龍主喜，主仁、酒色等象。

八、進退象：如寅化卯為進，卯化寅為退等象。

九、世應象：世為己，應為人；婚姻關係，合作關係等象。

十、卦名象：如「夬」有抉擇之象，「蠱」有內亂之象。

十一、卦辭象：如乾卦象曰：「天行健，君子以自強不息」等預示之象。

十二、爻辭象：如乾卦初九象曰：「潛龍勿用，陽在下也」等預示之象。

十三、納音象：如甲子乙丑海中金之類象。

十四、時間象：如：寅卯辰表示春季，巳午未表示夏季；子水表示夜半，午火表示中午等等。

十五、方位象（空間之象）：如子水北方之象，午火南方之象等等。

十六、理象：（道理、義理、原理、事理）：如：生尅制化，刑冲合害等五行運行基本原理之象。

再如飛伏方法的應用，《易林補遺》曰：「爻爻有伏有飛，伏無不用」，但作者又認為飛伏的應用，僅僅是「若卦內有用神，不居空陷，不必更取伏神。如六爻不見主象者，卻取伏神推之」。

我們知道，伏神表示隱藏的信息。因此世爻下的伏神，是可以表示求測人的潛意識，或者內心思維的。從伏神與飛神的關係，可以得知求測人自身的心理狀態。另外，如世下伏神與應爻沖尅，也可以表示求測人與對方內心抵觸，或者言語衝突。

三是在學習的過程中，不能迷信古人，認為古人所論都是對的。要根據京氏易的基本原理和方法，不斷的創新思路，尋找更多更好的應用方法。

例如預測疾病，《天玄賦》論疾病曰：「決輕重存亡之兆，專察鬼爻。定金木水火之鄉，可分症候」，古人基本上是以官鬼爻去論病。

例如：癸巳年　壬戌月　辛亥日　丙申時，測疾病？

時間：癸巳年　壬戌月　辛亥日　丙申時（日空：寅卯）

占事：測疾病？

	艮宮：艮為山（六沖）				巽宮：山雷頤（遊魂）		
六神	**本　　卦**				**變　　卦**		
騰蛇	官鬼丙寅木	▅▅▅▅	世		官鬼丙寅木	▅▅▅▅	
勾陳	妻財丙子水	▅▅　▅▅			妻財丙子水	▅▅　▅▅	
朱雀	兄弟丙戌土	▅▅　▅▅			兄弟丙戌土	▅▅　▅▅	世
青龍	子孫丙申金	▅▅▅▅	應	○→	兄弟庚辰土	▅▅　▅▅	
玄武	父母丙午火	▅▅　▅▅			官鬼庚寅木	▅▅　▅▅	
白虎	兄弟丙辰土	▅▅　▅▅		╳→	妻財庚子水	▅▅▅▅	應

此卦午火被日令亥水，內卦三合子水相尅。卦中寅木雖然得日令生合，但逢旬空不受生。以上信息表示，求測人身體存在氣血兩虛的現象。六爻寅木雖然有日令亥水生合，內卦三合子水生，但爻遇旬空不受生，因此，會出現有頭暈的現象，並且還會有記憶力減退的現象，這是由於肝膽氣虛，運行不暢，導致腦供血不足造成的。應該找醫生去檢查，及時治療和調整。這樣去分析，才能客觀對應求測人的客觀現象。

我們既要繼承古人一些好的理論方法和應用方式，但也不必象古人那樣，執定鬼爻為病，可以根據京氏易的基本原理，和基本方法去分析判斷。

（六）

我出生於二十世紀五十年代，由於父親過早的去世，我勉強讀了個小學，雖然小學畢業時，被保送到縣里最好的中學，但由於文革和武鬥，學校都停課鬧革命，所以就沒有學上了。一九七零年，學校開始復課鬧革命，因為我們家庭生活困難，我想參加工作，為家裡減輕負擔，我也沒能繼續讀書。一九七零年六月，我還不滿十六歲，就因為得到組織上照顧，開始參加工作了，因此，我的文化基礎知識，是十分貧乏的。

進入八十年代，是中國社會開始發生大變革的時代，是人們知道文化知識貧乏，渴望讀書的時代，也是人們普遍感覺迷茫的時代，我生活於這個時代，也不可避免會產生對不可知的未來的困惑。

八十年代末期，隨著改革開放，《周易》慢慢也被解禁，國內開始了一個學習易學和術數預測的高潮。我也是這個時期，開始接觸到《易經》，從中體會到古人的一些智慧。邵偉華先生的《周易預測學》出版問世，我看到他在辦函授班，也參加了第二屆函授。後來，國家開始了搶救古籍的工作，出版了一批術數類古籍，我先後購買了這些書籍，開始進行自學。一九九三年，我得到《增刪卜易》這本著作，雖然此書編輯十分混亂，但還是引起我對「京氏易六親占法」的極大興趣。一九九五年，劉大鈞先生的《納甲筮法》出版，我從中深入瞭解到「京氏易六親占法」的基礎知識，然後長期實踐，深入研究和理解。一九九七年，我參加過山東大學周易研究中心舉辦的「首屆大易文化研討班」，這次也發了一本他們自己編寫的《增刪卜易》，對比我以前買的版本，好了很多。從此，我放棄了之前所學的其他術數方法，只對與「京氏易六親占法」相關的著作感興趣了。這個時期的自學，由於環境因素的影響，基本上是偷偷進行的。

九十年代後期，由於有了互聯網，我開始在網上和一些朋友討論和交流，在這個過程中，發現很多想學習的朋友，因為沒有資料，學習起來十分困難。基於這種情況，我開始用手頭的資料，錄入整理成電子文本，供易友們學習。再後來，隨著互聯網的發展，網上資料的增多，我經過對照發現，現代出版的古籍，錯漏太多，同時，因為古籍生僻字太多，加上沒有注釋，很多後學的朋友感覺學起來不易，也為了我自己對這一門學術研究的需要，因此，觸發了我想把「京氏易六親占法」相關的古籍，重新校注整理的想法。

我和易友鼎升，本著「為往聖繼絕學，為後世傳經典」的基本精神，十幾年來，到處搜求，各處尋找，也得到很多易友的幫助，終於收集到一批古籍資料，我從中選取有傳承價值，以及有研究價值的十幾個古籍版本，進行校對注釋整理，經歷十多年的不懈努力，終於完成了這一工作。希望能為有志於傳承這一門學術的朋友，提供最原始的資料，也希望能讓後來的學者少走彎路。

在這套古籍著作的校注整理過程中，得到「鼎升」先生的很多具體指導，以及「冰天烈焰」、「犀角尖尖」，「天地一掌中」等網友提供的原版影印古籍資料，也得到「漢典論壇」等網絡上很多朋友的幫助，在此一併向他們致謝。書中有些注釋資料，來源於網絡，未能一一加以說明，也請原作者諒解。

雖然經歷了十幾年的多次校對，注釋，整理，但書稿中不可避免還會存在一些問題，希望能得到方家的指正，也希望得到讀者的批評，在有機會的情況下，再作進一步的修訂，不至於誤導讀者。

京氏易學愛好者　湖北省潛江市　周光虎

撰於己丑年夏至日　公曆2009年6月21日　星期日

2017年9月28日9時40分星期四　重新修訂

2020年再修訂

網名：虎易
QQ：77090074
微信：wxid_e9cvbx1mugcf22
電子郵箱：tiger1955@163.com
新浪博客：http://blog.sina.com.cn/hbhy
http://blog.sina.com.cn/u/1248458677

火珠林

麻衣道者 著

休陽 程芝雲 珊坪氏 校正

一、易中明義

四營成易，八卦為體。三才變化，六爻為義。

注云：書有三而異用，卦皆八以為經。一曰《連山》，二曰《歸藏》，三曰《周易》。自秦焚書坑儒，《連山》、《歸藏》不傳於世矣。

又云：一曰治天下，二曰論長生，三曰卜吉凶。

夫三才者，天干①為上，能占九天之外，日月星辰，風雷雲雨，陰晴之事。

地支②為中，能占九地之上，山川草木，人倫吉凶，否泰③存亡之事。

納音④為下，能占九泉之下⑤，幽冥虛無⑥，六道四生之事⑦。

夫《乾》《坤》二體，各生三索⑧而為六子，六子配合而成八卦。八卦上下變通，遂成六十四卦。

夫易本無八卦，只有《乾》《坤》。本無《乾》《坤》，只有太易。易者，在天為日月，在地為陰陽，在人為心目。煉其心而心自靈，修其目而目自見。先達人事，後敷卦爻⑨，人事變通，卦爻自曉。吉凶應驗，歷歷不爽矣。

或問：何謂四營成易？

答曰：易有太極，是生兩儀，兩儀生四象，四象生八卦。所謂四營成易也。

虎易按：「何謂四營成易」？答曰：「易有太極，是生兩儀，兩儀生四象，四象生八卦。所謂四營成易也」。《易•繫辭上》曰：「是故，易有太極，是生兩儀，兩儀生四象，四象生八卦」，這一段內容描述的，是八經卦（三畫卦）本體的生成原理及過程。作者以此回答為「四營成易」，應該是不太準確的。《易•繫辭上》曰：「大衍之數五十，其用四十有九。分而為二以象兩，掛一以象三，揲之以四以象四時，歸奇於扐以象閏，故再扐而後掛。乾之策，二百一十有六。坤之策，百四十有四。凡三百有六十，當期之日。二篇之策，萬有一千五百二十，當萬物之數也。是故，四營而成《易》，十有八變而成卦，八卦而小成」。孔穎達疏曰：「營謂經營，謂四度經營蓍策，乃成《易》之一變也」。這一段內容描述的「四營成易」，應該是指「揲蓍」成卦的「分二、掛一、揲四、歸奇」這四個操作步驟，是指的成卦方法和程序。從上述分析可以看出，本節内容作者的問答注釋，答與問不是一個概念，應該是「答非所問」，讀者請注意分辨。

宋代學者朱熹，根據《易•繫辭上》的方法，整理出一套完整的「筮儀」，讀者可參閱朱熹的著作《周易本義•筮儀》，了解揲蓍成卦的具體程序和操作方法。

本書沒有專門論述成卦方法。從其「四營成易」，知道本書採用的應該是「揲蓍法」。但南宋時期的朱熹《朱子語類》曰：「今人以三錢當揲蓍，不能極其變，此只是以納甲附六爻。納甲乃漢•焦贛、京房之學」。又曰「卜易卦以錢擲，以甲子起卦，始於京房」。同時期的項平甫曰：「以京房考之，世所傳《火珠林》即其遺法，《火珠林》即交、单、重、拆也」。交、单、重、拆，是金錢摇卦的記錄符號，即「一背為单，二背為拆，三背為重，三字為交」。《直齋書錄解題》曰：「《火珠林》一卷。今賣卜者擲錢占卦，盡用此書」。按南宋人的說法，他們都認為《火珠林》的成卦方法，應該就是「以錢代蓍法」，那就說明《火珠林》原來就有此内容，不知什麼原因，我們現在看到的著作，没有這些内容了。元代著作《卜筮元龜》，同時記錄有「揲蓍法」和「以錢代蓍法」，讀者可以參考。

又問：納音為下，能占九泉、六道、四生、虛無等事？

答曰：六十甲子，生成變化而行鬼神。是故，天干管天文，地支管人事，納音管地理。

如《乾》，初爻甲子動：

《火珠林》教例： 001

乾宮：乾為天（六冲）				乾宮：天風姤		
本　　卦				**變　　卦**		
父母壬戌土	▅▅▅▅▅	世		父母壬戌土	▅▅▅▅▅	
兄弟壬申金	▅▅▅▅▅			兄弟壬申金	▅▅▅▅▅	
官鬼壬午火	▅▅▅▅▅			官鬼壬午火	▅▅▅▅▅	應
父母甲辰土	▅▅▅▅▅	應		兄弟辛酉金	▅▅▅▅▅	
妻財甲寅木	▅▅▅▅▅			子孫辛亥水	▅▅▅▅▅	
子孫甲子水	▅▅▅▅▅		○→	父母辛丑土	▅▅　▅▅	世

占天文，主風[10]。占人事，主[11]子孫、六畜、花木[一]、酒饌[12]、憂喜等事[13]。占地理，主穴中有石之類[14]。

如占葬地？得《姤》之《鼎》卦：

《火珠林》教例：002

占事：占葬地？

伏神	乾宮：天風姤 **本　　卦**				離宮：火風鼎 **變　　卦**		
	父母壬戌土	▅▅▅▅▅			官鬼己巳火	▅▅▅▅▅	
	兄弟壬申金	▅▅▅▅▅		○→	父母己未土	▅▅　▅▅	應
	官鬼壬午火	▅▅▅▅▅	應		兄弟己酉金	▅▅▅▅▅	
	兄弟辛酉金	▅▅▅▅▅			兄弟辛酉金	▅▅▅▅▅	
	子孫辛亥水	▅▅▅▅▅			子孫辛亥水	▅▅▅▅▅	世
子孫甲子水	父母辛丑土	▅▅　▅▅	世		父母辛丑土	▅▅　▅▅	

掘地五尺，土中有石，其色大赤。離穴四十步，西南近柳樹，當有伏屍葬，出刀傷之人，並主火災。

問曰：如何斷之？

答曰：世持辛丑土，伏甲子金⑮。世下伏金，是土中有石也⑯。《巽》下伏《乾》⑰，是《乾》為大赤也⑱。第五爻壬申，化己未火⑲，火剋本宮為鬼，是伏屍鬼⑳。申化未，是西南方也㉑。掘下五尺見石者，土類五也㉒。離穴四十步有伏屍者，壬申金，金數四㉓，加丑未土類五，二五成十，並申金四，是四十步也。出刀傷人者，壬申乃劍鋒金也㉔。主火災者，己未化火㉕，未沖㈢辛丑世也。樹傍者，己未火鬼，與壬午木合住㉖，壬午乃楊柳木也。

又請占祟例為式。

答曰：如《遁》之《姤》卦：

《火珠林》教例：003

占事：占祟？

乾宮：天山遁				乾宮：天風姤		
本　卦				**變　卦**		
父母壬戌土	▅▅▅▅▅			父母壬戌土	▅▅▅▅▅	
兄弟壬申金	▅▅▅▅▅	應		兄弟壬申金	▅▅▅▅▅	
官鬼壬午火	▅▅▅▅▅			官鬼壬午火	▅▅▅▅▅	應
兄弟丙申金	▅▅▅▅▅			兄弟辛酉金	▅▅▅▅▅	
官鬼丙午火	▅▅　▅▅	世	╳→	子孫辛亥水	▅▅▅▅▅	
父母丙辰土	▅▅　▅▅			父母辛丑土	▅▅　▅▅	世

此卦是子孫鬼，一男一女，為釵釧珥物㉗等事來沉滯。男兒赤，性燥。女兒潔白，性

剛。其墳墓現在西北，恐有動犯，告之則吉。

問曰：何以知之？

答㊂曰：二爻丙午火是鬼，化辛亥水是子孫。丙午納音屬水㉘，化辛亥又屬水㉙，水為㊃《乾》宮子孫，故曰子孫鬼也。一男丙午，一女辛亥也㉚。

火主赤，金主白，火燥金剛，皆以五行之性言之也。

為釵釧者，辛亥乃釵釧金也。

言墳墓在西北者，火墓在戌，又火絕在亥。亥，西北也。

墓有犯者，《艮》屬土，化《巽》為木，木去剋土也㉛。

虎易按：「八卦為體」，八卦，即《乾》、《坤》、《震》、《巽》、《坎》、《離》、《艮》、《兌》等八個由三畫（爻）組成的卦。三畫（爻）組成的卦，也稱為「經卦」。《周禮·春官》曰：「太卜掌三易之法，一曰連山，二曰歸藏，三曰周易。其經卦皆八，其別皆六十有四」。說明在《周禮》產生之前的年代，存在有《連山》、《歸藏》，《周易》這三種易學著作，雖然其排列順序和易辭可能存在差異，但都是以八個經卦為本體，而演變出六十四個別卦的。所以，八卦就是組成六十四個別卦的本體。「三才變化」，三才，指天、地、人為三才。《易·說卦》曰：「是以立天之道曰陰與陽，立地之道曰柔與剛，立人之道曰仁與義。兼三才而兩之，故《易》六畫而成卦」。《京氏易傳》曰：「孔子云：易有四易，一世二世為地易，三世四世為人易，五世六世為天易，游魂歸魂為鬼易」。《易•繫辭上》曰：「六爻之動，三極之道也」。孔穎達疏：「言六爻递相推動而生變化，是天、地、人三才至極之道」。

古代的先聖，根據長期的觀察研究，發現天體日月星辰，是處於不停運行過程中的。地球四季氣候的變化，寒暑的交替運行，地理滄海桑田的不斷轉化運行，也是與天體日月星辰的運行並行的。人類為適應天地的運行，而選用的各種生存方式，也是在不斷轉換的。因此，天、地、人，三者都是處於不斷變化的過程中，以及互相影響的。

「六爻為義」，易卦的卦畫稱為「爻」，周易六十四卦，每卦六畫，故稱六爻。由上下兩個經卦組成的六爻卦，也稱為「別卦」、或者稱為「重卦」。爻分陰陽，「—」符號表示為陽爻，稱九；「--」符號表示為陰爻，稱六。每卦六爻，自下而往上數有六位，每個爻所處的位置，也稱為「爻位」。如果是陽爻，則稱為初九、九二、九三、九四、九五、上九。如果是陰爻，則稱為初六、六二、六三、六四、六五、上六。

京氏易納甲六親占卦法體系，對每個卦的六個爻，按照一定的規則，納入天干、地支，並根據其天干、地支的五行屬性，以及與本宮五行屬性的關係，配置相應的六親。經過這樣系統的配置，就將六十四卦建構成了一個立體的信息解讀模型。這個模型是一個可以對應時間、空間、人物和事類關係的立體信息模型，為我們解讀天、地、人之間的各種信息，帶來了便利。我們根據求測人的求測需要，對所得到的特定的卦和爻，應用象、數、理的解讀方法，確定各種人物和事類的對應關係，從中提取各種有用的信息，進行分析和判斷，可以推演出求測人所需要了解的人物和事類的發展趨勢，用以指導求測人「趨吉避凶」。

「火剋本宮為鬼，是伏屍鬼」，是指《姤》卦的五爻壬申金動，變為己未土，己未土納音為天上火。《姤》屬《乾》宮之卦，《乾》宮五行屬金，以「剋我者為官鬼」的六親轉換原則，天上火轉換後，即為乾宮之鬼。本書雖然沒有明確指出轉換六親的概念，但在一些注釋中，已經透漏出此信息，提請讀者注意參考。

本節內容，是對周易八卦、六十四卦，每卦六爻的成卦方式，以及應用方法的一個總體概括，也給我們指明了學習的途径。希望讀者們能從《周易》卦畫和原理，去明確和理解其中的象數和義理內涵，學會並理解京氏易納甲六親占卦法的基本原理及方法。

本節所附的三個卦例，雖然我認為並不是客觀真實的占例，但其比較詳細的描述了京氏易納甲六親占卦法的具體應用方法，也是很好的教學卦例，對我們學習和理解京氏易納甲六親占卦法的方法，是很有益處的，也希望讀者能在實踐中去應用，不斷积累經驗。

客觀的說，本節內容，讀者如果不具備一定的基礎知識和概念，是不太容易理解的。因此，建議初學的讀者，對此節内容，可以先有個初步概念。當我們對一些基本知識和概念熟悉和理解以後，再來看這一段内容，會使我們對京氏易納甲六親占卦法的認識和理解更加深入一些。

通讀此書，我的看法是，由於本書對一些基礎的知識和概念，没有做出具體的交代，讀者如果不具備這些基礎的知識和概念，對本書的内容是很難理解清楚的。因此，建議讀者從其他相關著作中，了解補充必備的基礎知識和概念，這樣才能準確的理解和應用本書的相關論述。

注釋

①天干：甲、乙、丙、丁、戊、己、庚、辛、壬、癸的總稱。傳統用作表示次序的符號，也叫「十天干」。

②地支：子、丑、寅、卯、辰、巳、午、未、申、酉、戌、亥的總稱。傳統用作表示次序的符號，也叫「十二支」。

③否（pǐ）泰：指世事的盛衰，命運的顺逆。《否》、《泰》是《易》的兩個卦名。天地交，萬物通謂之「泰」；不交閉塞謂之「否」。

④納音：古以五音（宫、商、角、徵、羽）十二律（黄鐘、太簇、姑洗、蕤賓、夷則、無射、

大呂、夾鐘、仲呂、林鐘、南呂、應鐘）相合為六十音，與六十甲子相配合，按金、火、木、水、土五行之序旋相為宮，稱為納音。參閱宋•沈括《梦溪筆谈•樂律一》、清•錢大昕《納音說》。

⑤九泉之下：猶指黃泉。指人死後的葬處。

⑥幽冥虛無：指地府，陰間。若有若無，實而若虛。

⑦六道四生之事：佛教用語。謂眾生輪迴的六去處：天道、人道、阿修羅道、畜生道、餓鬼道和地獄道。佛教把世界眾生分為四大類：一、胎生，如人、畜。二、卵生，如禽、鳥、魚、鱉。三、湿生，如某些昆蟲。四、化生，無所依托，唯借業力而忽然出現者，如諸天與地獄及劫初眾生。

⑧三索：《易》經卦由三爻組成，逆數以三為終。三索，猶言三數。也指三個爻。

⑨卦爻：《易》的卦和組成卦的爻。

⑩占天文，主風：指初爻甲子動，天干甲為木，木主風。又《乾》變《巽》卦，《巽》也主風。

⑪主：預示。如「主吉」，即預示吉。「主凶」，即預示凶。「主風」，即預示有風。其他均仿此。

⑫酒饌（zhuàn）：指酒食。

⑬占人事主子孫、六畜、花木、酒饌、憂喜等事：子孫爻可以表示以上事物。變出的《巽》

卦表示「花木」。

⑭占地理，主穴中有石之類：初爻甲子的納音為海中金，變父母辛丑土納音為壁上土，金石都為硬物，所以表示為穴中有石。

⑮世持辛丑土，伏甲子金：指主卦父母辛丑土持世，《乾》宮初爻甲子水伏藏於下，甲子的納音為海中金。

⑯世下伏金，是土中有石也：世爻辛丑土，下伏甲子金，金石都為硬物，所以稱為土中有石。

⑰《巽》下伏《乾》：指內卦為《巽》，以本宮首卦《乾》卦伏於其下。

⑱是《乾》為大赤也：《周易•說卦傳》曰：「乾為天、為君、為父、為玉、為金、……、為大赤」。

⑲化己未火：指變爻父母己未的納音為天上火。

⑳火剋本宮為鬼，是伏屍鬼：指己未天上火，剋本宮《乾》卦金。以剋我者為官鬼，轉換後，天上火即為《乾》本宮之鬼。又因為不是本宮官鬼，所以稱為伏屍鬼。

㉑申化未，是西南方也：申、未地支在後天八卦方位中，排在坤位，屬西南方。

㉒土類五也：指土的五行生數。五行生數為「水一，火二，木三，金四，土五」。

㉓金數四：指金的五行生數。

㉔壬申乃劍鋒金也：指壬申的納音為劍鋒金。

㉕己未化火：指五爻壬申金動，變出己未土，其納音為天上火。
㉖己未火鬼，與壬午木合住：指己未納音天上火，與壬午納音楊柳木，午未地支相合。
㉗釵釧珥（chāi chuan ěr）物：釵簪（zān）與臂鐲（zhuó）及珠玉耳飾。泛指婦人的飾物。
㉘丙午納音屬水：指丙午的納音為天河水。
㉙化辛亥又屬水：指亥的五行屬水。
㉚一男丙午，一女辛亥也：此處是以地支的陰陽屬性分男女，即丙午火屬陽，為男。辛亥水屬陰，為女。
㉛《艮》屬土，化《巽》為木，木去剋土：指《遁》內卦為《艮》屬土，變出《姤》內卦為《巽》屬木，變卦《巽》木回頭剋本卦《艮》土。

校勘記

㊀「木」，原本作「本」，疑誤，據其文意改作。
㊁「冲」，原本作「剋」，疑誤，據其卦理及文意改作。
㊂「答」，原文脱漏，據本書行文體例補入。後文無「答」字之處，直接補入，不另說明。
㊃「水為」，原本作「加二」，疑誤，據其卦理及文意改作。

二、六親根源

卦定根源，六親為主。
爻究傍通，五行而取。

注云：根源者，八卦之宮主也。而原有六親旁通者，六爻之飛象也，而上下相乘。五行者，金、木、水、火、土也。而定四時。六親者，主宮之㊀六爻，父、子、兄弟、妻財、官鬼也㊁。一宮管八卦，七卦皆從一宮中㊂出。

傍通者，上下宮飛象六爻也。蓋本宮在下，為伏之六親。傍宮在上，為飛之六親。如六壬課有天盤、地盤。先看六親之下，後看六親之上，所乘得何爻，而辨吉凶存亡也。

或問：六親為主，父母、兄弟、妻財、子孫、官鬼，只有五件，而曰六親，何也？

答曰：卦身當一親。

問㊃曰：如何為卦身？

答曰：陽世則從子月起，陰世還當午月生，此即卦身也。而《元龜》①以月卦言之，所以吉凶不應。

問曰：卦身亦主甚吉凶？

答曰：如本卦世空，却去看身，豈為無用？

又問：何謂傍通？

答曰：本宮之六親在飛象之下，為之親爻，為之伏神。傍宮之飛象，加伏神之上，為飛象。親爻，世下之爻，為伏。知飛伏二爻之來歷，然後可與言八卦、六親矣。

虎易按：「卦定根源」，就是將占得的卦，先確定其屬於哪一個宮，知道其根源於哪一個卦宮，為下一步給本卦配置五行、六親，提供依據。

《京氏易傳》將六十四卦分為八宮，以上下卦相同的八個純卦，作為八宮之首，每宮各八個卦。每個宮的後七卦，都是從本宮首卦，按一定變卦規則變化出來的。本宮首卦就成為後七卦的根源，或者叫「宮主」。

例如《乾》宮：《乾為天》為本宮首卦，《天風姤》、《天山遯》、《天地否》、《風地觀》、《山地剥》、《火地晉》、《火天大有》等七個卦，都是從《乾為天》卦變出來的。其他各宮的八個卦，均仿此例，不再一一列舉。

讀者可參考下面所附「八宮六十四卦卦變卦名表」，知道八宮變卦順序，以及六十四卦所屬之宮。

八宮六十四卦卦變卦名表								
	八純卦	一變	二變	三變	四變	五變	六變	七變
乾宮	乾為天	天風姤	天山遁	天地否	風地觀	山地剝	火地晉	火天大有
坎宮	坎為水	水澤節	水雷屯	水火既濟	澤火革	雷火豐	地火明夷	地水師
艮宮	艮為山	山火賁	山天大畜	山澤損	火澤睽	天澤履	風澤中孚	風山漸
震宮	震為雷	雷地豫	雷水解	雷風恒	地風升	水風井	澤風大過	澤雷隨
巽宮	巽為風	風天小畜	風火家人	風雷益	天雷無妄	火雷噬嗑	山雷頤	山風蠱
離宮	離為火	火山旅	火風鼎	火水未濟	山水蒙	風水渙	天水訟	天火同人
坤宮	坤為地	地雷復	地澤臨	地天泰	雷天大壯	澤天夬	水天需	水地比
兌宮	兌為澤	澤水困	澤地萃	澤山咸	水山蹇	地山謙	雷山小過	雷澤歸妹

「六親為主」，指占卦分析，以能代表所測事物的六親為主。六親，即「我、父母、兄弟、子孫、妻財、官鬼」。此是以家庭和社會關係稱謂，用以模擬解釋人事和物象關係屬性的名詞。

本卦的六親，是怎麼確定的呢？

《大易斷例卜筮元龜•五位配卦》曰：「以卦宮所屬為我，渾天甲所屬為他也。生我者為父母，我生者為子孫，剋我者為官鬼，我剋者為妻財，比和者為兄弟」。何謂「比和」，卦爻地支五行屬性相同者，稱為「比和」。

按此配六親規則，本卦六親的確定，是以卦宮所屬的五行為「我」，以「我」為核心，按卦中各爻所配地支五行，根據「生我、我生、剋我、我剋、比和」五種相互關係，去確定其他六親。

八宮的五行屬性：《乾》、《兑》屬金，《坤》、《艮》屬土，《震》、《巽》屬木，《坎》屬水，《離》屬火。

讀者可參考下面所附「《京氏易傳》乾卦配納甲、五行、六親、世應例」，理解京氏易納甲六親占卦法配六親的體例。

《京氏易傳•乾》卦配納甲、五行、六親、世應例					
乾為天卦形	《京氏易傳•乾》原文	納甲五行	《乾》卦配六親	六親	世應
⚊	宗廟上建	壬戌土	戌亥《乾》之位	父母	世
⚊	金入金鄉木漸微	壬申金	是《乾》之兄弟	兄弟	
⚊	火來四上嫌相敵	壬午火	是《乾》之官鬼	官鬼	
⚊	土臨內象為父母	甲辰土	是《乾》之父母	父母	應
⚊	木入金鄉居寶貝	甲寅木	是《乾》之妻財	妻財	
⚊	水配位為福德	甲子水	是《乾》之子孫	子孫	

例如《乾》宮屬金，凡成卦得《乾》宮八個卦，即以屬金的五行為「我」，金與金為比和，以卦中屬金的爻配為兄弟，以生金的土爻配為父母，以金生的水爻配為子孫，以剋金的火爻配為官鬼，以金剋的木爻配為妻財。

其他各宮卦爻的六親配置，均仿此例。

由於不同的卦宮，所屬五行不同，因此，只有同一卦宮的卦，相同五行才有相同六親。不同卦宮的卦，即使五行相同，其六親也並非一樣。

「只有五件，而曰六親，何也？答曰：卦身當一親」。這種說法，是不太準確的。即如作者所述，也只是在「如本卦世空」的情況下，才採用「却去看身，豈為無用」的變通之法而已。

六親中最核心的一親，就是「我」。如果沒有「我」的存在，其他幾親將不復存在，所謂「皮之不存，毛將焉附」。因此，六親的定義，應該是「我、父母、兄弟、子孫、妻財、官鬼」。只有如此定義六親，才是比較合理的。

「陽世則從子月起，陰世還當午月生。此即卦身也」。此句注釋不太完整，讓讀者摸不着頭腦。

《卜筮全書•起月卦身決》曰：「陰世則從午月起，陽世還從子月生，子月，乃十一月也。欲得識其卦中意，從初數至世方真」。其注解曰：「看世在交拆爻為陰，在重单爻為陽。俱從初爻上數至世，便知何月卦，即是卦身也」。

以此原理，可以推演六十四卦各自為何月卦，而確定本卦之卦氣。讀者可以參考下面所附「六十四卦對應各月卦表」，明確六十四卦各自為何月之卦。

「而《元龜》以月卦言之，所以吉凶不應」。本書「占身命」曰：「世爻為命，月卦為身，得則富貴，失則賤貧」。其注「俱以得時為吉，失時為凶也」。《大易斷例卜筮元龜•推占來情休旺吉凶要決章》曰：「卦者，即所主之月卦也。如《乾》乃四月之卦，《姤》乃五月卦之類也」。其說與本書所論並無差異，此處注釋，似乎不太客觀，讀者可參閱《大易斷例卜筮元龜•推占來情休旺吉凶要決章》原文及相關論述。

《元龜》，即《大易斷例卜筮元龜》的簡稱，此書為元代大德年間的作品。本書問答引用《元龜》之名，也說明本書問答部分，並非原文注釋，而是後來作者的補注。

《易學啟蒙翼傳外篇•京氏易傳•起月例》曰：「一世卦陰主五月，一陰在午也；陽主十一月，一陽在子也。二世卦陰主六月，二陰在未也；陽主十二月，二爻在丑也。三世卦陰主七月，三陰在申也；陽主正月，三陽在寅也。四世卦陰主八月，四陰在酉也；陽主二月，四陽在卯也。五世卦陰主九月，五陰在戌也；陽主三月，五陽在辰也。八純上世陰主十月，六陰在亥也；陽主四月，六陽在巳也。游魂四世，所主與四世卦同。歸魂三世，所主與三世卦同」。

如正月的八個卦，都是三爻持世，為陽爻，按照「陽世還從子月生」和「月從初數至世分」的體例，從初爻開始數子，二爻數丑，三爻數寅就是世爻，對應月卦為寅，對應節氣為立春，對應月令為正月。其中《大有》《蠱》《泰》三卦有月卦爻，《既濟》《漸》《恒》《同人》《咸》五卦無月卦爻，或有伏月卦爻。二月的八個卦，則是四爻為陽爻持世，其月卦為卯。其他各月均仿此。

我認為，京氏的月卦，是他獨創的一種卦氣學說，主要是用來推演卦氣旺衰的。應用時，不可用公曆，或者農曆的正月、二月初一開始作為對應標準，應該以每月的節令為準。即「立春」節後用「寅」，對應正月。「驚蟄」節後用「卯」，對應二月。其他各月的對應標準，均仿此，讀者可參考十二月建的內容。

為方便讀者查閱，按《乾》、《震》、《坎》、《艮》、《坤》、《巽》、《離》、《兑》八宮的順序，將六十四卦逐卦檢索重新排列，製成「六十四卦對應各月卦表」，供讀者參考。

節氣	月令	月支	六十四卦對應各月卦表								世爻	陰陽
立春	正月節	寅	大有	恒	既濟	漸	泰	蠱	同人	咸	三爻	陽爻
驚蟄	二月節	卯	晉	大過	革	睽	大壯	無妄	訟	小過	四爻	陽爻
清明	三月節	辰	井	履	夬	渙					五爻	陽爻
立夏	四月節	巳	乾	艮	巽	離					上爻	陽爻
芒種	五月節	午	姤	豫	旅	困					初爻	陰爻
小暑	六月節	未	遁	屯	家人	萃					二爻	陰爻
立秋	七月節	申	否	隨	師	損	比	益	未濟	歸妹	三爻	陰爻
白露	八月節	酉	觀	升	明夷	中孚	需	頤	蒙	蹇	四爻	陰爻
寒露	九月節	戌	剥	豐	噬嗑	謙					五爻	陰爻
立冬	十月節	亥	震	坎	坤	兑					上爻	陰爻
大雪	十一月	子	節	賁	復	小畜					初爻	陽爻
小寒	十二月	丑	解	大畜	臨	鼎					二爻	陽爻

注釋

①《元龜》：指元代大德十一年（公元 1307 年）的《大易斷例卜筮元龜》，後世簡稱為《卜筮元龜》。

校勘記

㈠「之」，原本作「也」，疑誤，據《新鍥斷易天機•六親占法》原文改作。

㈡「也」，原本作「定」，疑誤，據《新鍥斷易天機•六親占法》原文改作。

㈢「中」，原文脫漏，據《新鍥斷易天機•六親占法》原文補入。

㈣「問」，原文脫漏，據本書行文體例補入。後文無「問」字之處，直接補入，不另說明。

三、財官輔助

財官異路，可辨五鄉。
用有輔助，類可忖量①。

注云：財者，妻財。官者，官鬼。是故，至柔者財，至剛者鬼，而有輔體。輔體者，用官鬼以父母輔之，用妻財以子孫輔之。值旺相為有氣，休囚為無氣。得生扶為吉，剋破為凶。

春：寅卯木旺，巳午火相，亥子水休，申酉金囚，辰戌丑未土死。
夏：巳午火旺，辰戌丑未土相，寅卯木休，亥子水囚，申酉金死。
秋：申酉金旺，亥子水相，辰戌丑未土休，巳午火囚，寅卯木死。
冬：亥子水旺，寅卯木相，申酉金休，辰戌丑未土囚，巳午火死。

虎易按：「五鄉」，指金、木、水、火、土五行。根據卦宮的五行屬性，就可以給每個爻的五行配置相應的六親。

「用有輔助，類可忖量」，指以某一六親為用，可以考慮採用類比的方式，選择對此有幫助作用的六親作為輔助。如「用官鬼以父母輔之」，即可用官鬼爻表示職務，以父母爻表示任命文書，輔助其任職的合法性。「用妻財以子孫輔之」，即可用妻財爻表示資金收入，以子孫爻表示資金收入的來源，輔助其資金收入的長期性和穩定性。其他事物，以此原理類推。

五行在四季中，各有旺、相、休、囚、死五種狀態，根據本書論述，製作圖表如下，供讀者參考。

四季旺相休囚死表					
四季	旺	相	休	囚	死
春	寅卯木	巳午火	亥子水	申酉金	辰戌丑未土
夏	巳午火	辰戌丑未土	寅卯木	亥子水	申酉金
秋	申酉金	亥子水	辰戌丑未土	巳午火	寅卯木
冬	亥子水	寅卯木	申酉金	辰戌丑未土	巳午火

注釋

①忖（cǔn）量：思量，考慮。

四、獨發亂動

獨發易取，亂動難尋。
先看世應，後審淺深。

注云：亂動之法，思之最難。
一看世上傍爻，生財旺相，忌應爻剋世。
二看世下親爻，財官喜靜。
三看何爻最旺，為用神。如發動，動要生世。
四看獨發之爻，旺相最急，休囚事慢。
官用官鬼為主，伏旺動生世者，出現發動，看變得何爻。父母為輔，喜出㊀現發動者。
凡官鬼父母乘旺相，俱動大吉。
私用妻財為主，伏旺動生世者，忌伏鬼下，並出現發動。子孫為輔，喜旺相發動者。
凡財官乘旺相俱動，公私兩用皆可成。
或問：世上傍爻，生財旺相。下面注云：「忌應動剋世」。不知剋世上何爻？
又問：忽有亂動卦，世上與財官持世，如何斷？

答曰：豈不見又言：二看世下親爻，財官喜静。蓋旁爻無財官，便去搜尋伏神之財官。
又問：既言世上財官是伏藏者，本静，何故言喜静？
答曰：汝看誤矣！世下親爻本静，或有沖剋，即非静，故曰喜静。蓋不欲亂動之爻，去沖剋之也。
又問：三看何爻最旺，為用神。而注云：發動要生世。何為用神？何為發動？
答曰：亂動之卦，只取旺爻，旺爻即用神也，生剋吉凶皆在此爻。若伏藏安静，要旺相。若發動，却要生世之爻為用神，又不專泥旺相爻也。
又問：何謂伏旺生世者？
答曰：用此已分明，人自不察耳。伏爻要旺相，動爻要生世。官用取官，私用取財㊂。如上篇，却要輔助之爻動發。時人並作一句讀之，所以失其義也。

虎易按：「獨發易取，亂動難尋」。「獨發」是指卦中只有一個爻動，「亂動」，是指卦中有兩個以上的多個爻動。卦中有兩個以上的爻動，按照五行的生剋原理，可以形成「接續相生」。

例如，卦中有金、火、木、土四個爻動，則形成木生火，火生土，土生金的接續相生，其最後作用在金爻上，金爻既可以生助卦中的水爻，也可以剋制卦中的木爻。

再如：卦中有火、木、水三個爻動，則形成水生木，木生火接續相生，其最後作用在火爻上，火爻既可以生助卦中的土爻，也可以剋制卦中的金爻。再如：卦中有金、火、木三個爻動，則形成木生火，火爻既可以生助卦中土爻，也可以剋制發動的金爻。

其他兩個動爻以上的「亂動」卦，均仿上例。

「亂動難尋」，是指我們如果不能理解五行生剋制化、刑冲合害的基本原理，占事之時，就很難尋找到準確的「用神」。

本節內容注釋，過於簡略，也有些混亂，或許是原文內容有脫漏，致讀者不易理解。例如：「或問：世上傍爻，生財旺相。下面注云：『忌應動剋世』。不知剋世上何爻」？原文並未回答。「世上傍爻」，是指世爻六親不是本宮六親，而是他宮六親，即為世爻上所傍的六親爻。「生財旺相」，能生財的只有子孫爻，子孫也稱為財源。「忌應動剋世」，如果是子孫爻持世，那麼能剋子孫爻的只有父母爻，這裏應該是指忌應爻父母動，剋世爻子孫財源。

又如：「三看何爻最旺，為用神」。「答曰：亂動之卦，只取旺爻，旺爻即用神也，生剋吉凶皆在此爻。若伏藏安靜，要旺相。若發動，却要生世之爻為用神，又不專泥旺相爻也」。從以上注釋看，歸納起來就是，亂動取旺爻為用神，發動取生世之爻為用神。但這樣的注釋，本身又是矛盾的。假如旺爻剋世爻，發動之爻不生世爻，又該以何爻為用神呢？顯然，這裏所指的用神，似乎不是指與所占之事相類的「類事爻」為用神，而是指接續相生後，力量傳導至最後的那個動爻，因為其可以生剋卦中其他的動爻和静爻，所以「生剋吉凶皆在此爻」。

我的理解，該注釋所指的用神，與後來著作所指的用神，應該不是一個概念，提請讀者注意分辨。

至於「官用、私用」，以及主輔關係，雖然注釋不是很清晰，甚至也有些混亂，但相對還容易理解，就不另重複注釋說明。

校勘記

㈠「出」，原本作「生」，疑誤，據其文意改作。

㈡「財」，原本作「私」，疑誤，據前文「私用，妻財為主」之意改作。

五、世應相剋

旁爻持世，旺相得地。
應與動爻，不剋方是。

占財：子孫旺相，妻財持世。
占官：父母旺相，官鬼持世。
以上皆可許。
忌應爻、動爻剋之。世爻乃我家情由，應爻為彼之事理。
或問：「應與動爻，不剋方是」，竟不知剋甚爻？
答曰：汝道不知剋甚爻，不剋輔爻耳。
又問：忌動爻、應爻墓、剋之，如何？
答曰：占財要財爻持世，占官要官爻持世。若應爻是世之墓，動爻是世之墓，皆不中矣。墓是自墓，剋是自剋。

虎易按：「旁爻持世」，即前文所說「世上傍爻」。雖然「傍」和「旁」兩個字有差異，但其意思應該是一樣的，或許那個時代這兩個字是可以通用的吧。「汝道不知剋甚爻，不剋輔爻耳」，這個解釋，似乎不太完善。一般來說，用爻，輔爻，都不宜被剋，讀者應根據具體的卦例，去分析和判斷。

「忌動爻、應爻墓、剋之，如何」？答曰：「若應爻是世之墓，動爻是世之墓，皆不中矣」。所謂「墓」，即丑為金之墓，未為木之墓，戌為火之墓，辰為水土之墓。也稱為「四墓」。

「墓是自墓，剋是自剋」，大約是指應爻或者動爻，為世爻或者用神自身之墓；應爻或者動爻，可以對世爻或者用神自身產生剋制。

六、公私用事

陰陽男女，次第推排。
官用取官，私用取財。

占病鬼祟，占失看賊，占求官事，占官詞訟，占婚問夫，以上皆看官爻。占買賣財，占家宅事，占奴婢事，占求財事，占婚姻事，以上皆看財爻。

或問：言公私用事，只言財官，而不及父子兄弟，何也？

答曰：天下之事，散而言之，紛若物色。總而言之，不出財官二字。占官必用父母，占財必用子孫。兄弟是破財之人，不為主，不為輔，何必看也？

凡卜筮者，但用心於財官，則括天下之理，此法簡而最捷。

若分支劈脈、瑣碎求之，則萬物紛然，無以折衷，用心多，功力少，《元龜》六神之類是也。

故吾捷法，惟以財官伏五鄉，而定吉凶，自然神妙。

虎易按：此節列舉了以官爻或者財爻為用神占測事物的一些類型，讀者可以參閱其他書籍關於用神的論述，增加對「用神」概念的理解。

「兄弟是破財之人，不為主，不為輔，何必看也」？作者此論，是基於「天下之事，散而言之，紛若物色。總而言之，不出財官二字」的人們普遍求測心理，大多數人所關心的事物，以財、官二事較多而言的。

「凡卜筮者，但用心於財官，則括天下之理，此法簡而最捷。若分支劈脈、瑣碎求之，則萬物紛然，無以折衷，用心多，功力少，《元龜》六神之類是也」。

此說雖為簡捷，但此論有失偏頗。作者此論，大約是指要以六親為主，不可以神煞為主。讀者宜用心體會作者的原意，不可斷章取義，被偏頗之論所誤導。

我的看法是，六親各有所用，預測不同的事物，還是應該選用與此相對應的用神為宜，不可因「此法簡而最捷」，而忽視了對占法的基本理論、基本原理的認識和理解，導致應用不恰當。

七、出現伏藏

出現旺相，為久為遠。
伏藏有氣，只利暫時。

出現為重疊，為再用，為兩事。財官兩事，出現旺相，可宜久遠。若持世，忌動。伏藏旺相，更看日辰透出，或伏世下可取，雖成只利暫時，不能久遠也。

或問：出現為重疊，為再用，為兩事，何也？

答曰：且如《乾》卦為主，後七卦皆從《乾》卦中來。其出現財，是伏藏中而又出現也，豈非重疊乎？故取占事，為再用，為兩事。

又問：伏藏有氣，只利暫時？

答曰：本宮財官，伏世下方可取。不伏世下，則不取也，旁爻財官非也。必要細看，不可忽。

虎易按：「伏藏旺相，更看日辰透出，或伏世下可取」，「本宮財官，伏世下方可取。不伏世下，則不取也，旁爻財官非也」。例如「天雷無妄」卦，是本宮財爻伏世下。《火地晉》卦，是本宮官爻伏世下。

虎易附例：001

本宮財伏世下

巽宮：天雷無妄 (六冲)

伏神	本卦		
	妻財壬戌土	▅▅▅▅▅	
	官鬼壬申金	▅▅▅▅▅	
妻財辛未土	子孫壬午火	▅▅▅▅▅	世
	妻財庚辰土	▅▅　▅▅	
	兄弟庚寅木	▅▅　▅▅	
	父母庚子水	▅▅▅▅▅	應

虎易附例：002

本宮官鬼伏世下

乾宮：火地晉 (游魂)

伏神	本卦		
	官鬼己巳火	▅▅▅▅▅	
	父母己未土	▅▅　▅▅	
官鬼壬午火	兄弟己酉金	▅▅▅▅▅	世
	妻財乙卯木	▅▅　▅▅	
	官鬼乙巳火	▅▅　▅▅	
	父母乙未土	▅▅　▅▅	應

本書所論取用神，只取本宮六親為用神。如本卦無本宮六親用神出現，則取伏藏於世爻下的本宮六親為用神，「不伏世下，則不取也」。如果日辰透出的六親，也可以作為用神。並且認為：「旁爻財官非也」，從而否定了本卦旁爻六親作為用神，所以作者有此之論。

本書之後，從宋元時期至明中期，占卦取用神，一般都採用取本宮六親，兼取日辰透出六親作為取用神的方式。

經歷了幾百年的實踐，後來的學者認識到，這種方法也並非是唯一完善的。《易林補遺》曰：「若卦內有用神，不居空陷，不必更取伏神。如六爻不見主象者，却取伏神推之」。《增刪卜易》曰：「凡用神不現，即以日月為用神。倘日月非用神者，須於本宮首卦尋之，因本宮首卦，父、子、財、官、兄，六親俱備之故耳」。這樣就擺脫了「伏世下方可取」的束缚，進一步擴展了取用神的范围，使得取用神應用更加方便靈活了。

本書後面的內容，所論出現伏藏，體例均仿此，不再另行注釋，請讀者自己注意分辨。

八、占財伏鬼

財伏鬼鄉，買賣遭傷。
日辰福德，方始榮昌。

財爻伏官鬼之下，乃財爻洩鬼無氣。須是子孫旺相，透出日辰，或持世上方有，蓋子孫能剋官鬼也。

或問：兄弟能剋財，官鬼不傷財，官鬼剋兄弟，何故買賣遭傷？
答曰：不曉其理，則斷卦不靈。財伏鬼鄉，財則去生官，財爻洩氣。況用財，以子孫為輔。官鬼生父，父去剋子，財爻內外受傷，故買賣不能獲利，反能傷財。若日辰是子孫，子能生財，剋去官鬼。日辰是財，財能剋父，使得出現，亦有財也。

虎易按：「財伏鬼鄉」，指以財爻為用神時，本卦中本宮財爻不出現，伏藏在本卦官鬼爻下。「占財伏鬼」，例如《天山遁》卦，是本宮財伏官鬼世下。

虎易附例：003

占財伏鬼

乾宮：天山遁

伏神	本卦		
	父母壬戌土	▅▅▅▅▅	
	兄弟壬申金	▅▅▅▅▅	應
	官鬼壬午火	▅▅▅▅▅	
	兄弟丙申金	▅▅▅▅▅	
妻財甲寅木	官鬼丙午火	▅▅　▅▅	世
	父母丙辰土	▅▅　▅▅	

後文第九至第十五節所論之「伏」，均仿此例，不另一一注釋。

「日辰是財，財能剋父，使得出現，亦有財也」。此論說明，如果本卦財爻不現，日辰六親為財爻，也可以做用神。《增刪卜易》曰：「凡用神不現，即以日月為用神」。實踐證明，《增刪卜易》之論，也是合理的。

九、占財伏兄

用財伏兄，口舌相侵。
若在世下，旺相可成。

財伏兄弟之下，本無氣無財，却喜財爻旺相，貼世下透出，值日辰方有。

或問：用財伏兄，口舌相侵矣。緣何在世下，又旺相可成？

答曰：財伏在兄弟爻下，是財被他人把住，故生口舌。若伏世下，世持兄弟，我去剋財，財又旺相，豈得不成乎？

虎易按：「若伏世下，世持兄弟，我去剋財，財又旺相，豈得不成乎」？此論欠當。既然財又旺相，兄弟之爻必然休囚，休囚之爻不能剋旺相之爻，旺相之爻也不畏休囚之爻所剋。「占財伏兄」，例如《水火既濟》卦，本宮財伏兄弟世下。

虎易附例：004

占財伏兄

坎宮：水火既濟

伏神	本卦		
	兄弟戊子水	▅▅　▅▅	應
	官鬼戊戌土	▅▅▅▅▅	
	父母戊申金	▅▅　▅▅	
妻財戊午火	兄弟己亥水	▅▅▅▅▅	世
	官鬼己丑土	▅▅　▅▅	
	子孫己卯木	▅▅▅▅▅	

十、財伏父子

財伏父母，旺相得半。
財伏子孫，有氣必滿。

財爻旺相，伏父母爻下，求財有一半。財伏子孫之下，世應不剋，終是有財。若子孫旺，父母爻持世應，亦不能剋子孫，求財亦有。

或問：財伏父母，旺相得半，不審何故？

答曰：用財須子能輔財，財伏父下，則子不能生財矣。只有本等財，故曰一半。

又問：財伏子孫，世應不剋，久必有財，是不剋何爻？

答曰：不剋子孫爻也。故下云，若子孫旺相，縱父母持世應，亦不能剋子孫，求財亦有也。

虎易按：此節論財爻伏藏在父母爻或者子孫爻下的情況，總體而言，子孫爻和財爻旺相則可得，子孫爻和財爻休囚或者受剋則不利。「占財伏父」，例如《風天小畜》卦，本宮妻財伏父母世下。

虎易附例：005			
占財伏父			
巽宮：風天小畜			
伏神	**本卦**		
	兄弟辛卯木	▅▅▅▅▅	
	子孫辛巳火	▅▅▅▅▅	
	妻財辛未土	▅▅　▅▅	應
	妻財甲辰土	▅▅▅▅▅	
	兄弟甲寅木	▅▅▅▅▅	
妻財辛丑土	父母甲子水	▅▅▅▅▅	世

本宮妻財爻伏父母爻下，惟有《風天小畜》卦。但此卦應爻妻財辛未土，也是本宮妻財，即可以為用神。按照本書體例，本卦有本宮六親，可以作為用神，則不應該再去尋找伏藏的用神。「占財伏子」，例如《山水蒙》卦，本宮財伏子孫世下。

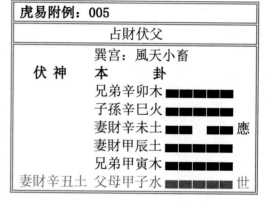

虎易附例：006

占財伏子

離宮：山水蒙

伏神	**本卦**		
	父母丙寅木	⚊	
	官鬼丙子水	⚋	
妻財己酉金	子孫丙戌土	⚋	世
	兄弟戊午火	⚋	
	子孫戊辰土	⚊	
	父母戊寅木	⚋	應

十一、占鬼伏兄

用鬼伏兄，同類欺凌。
若不虛詐，人不一心。

官鬼伏兄之下，為同類欺凌，不忠。若官鬼旺相，喜持世，透出日辰吉。

或問：用鬼伏兄？

答曰：兄為虛詐，為口舌，又與同類為劫財。占官事而鬼伏兄，主同類欺凌，官府多詐，吏貼賺錢，所謀之事，到底脱空。若旁爻官鬼旺相持世，日辰是官鬼，方可用。蓋官鬼能剋兄也。

虎易按：「若旁爻官鬼旺相持世，日辰是官鬼，方可用」，此說與前述「伏藏旺相，更看日辰透出，或伏世下可取」的體例又有差異，由此也可以看出，本書的注釋，已經開始出現變通的現象，讀者可用心體會其細微之處。「占鬼伏兄」，例如《火地晉》卦，是本宮官鬼伏兄弟世下。

虎易附例：007

占鬼伏兄

乾宮：火地晉（游魂）

伏　神	本　　卦		
	官鬼己巳火	▅▅▅▅▅	
	父母己未土	▅▅　▅▅	
官鬼壬午火	兄弟己酉金	▅▅▅▅▅	世
	妻財乙卯木	▅▅　▅▅	
	官鬼乙巳火	▅▅　▅▅	
	父母乙未土	▅▅　▅▅	應

十二、占鬼伏財

鬼伏財鄉，因財有傷。
官吏阻節，獨發乖張。

鬼伏財下，因財不吉，官吏阻節。須是官鬼旺相伏世下，或與父爻俱透出，直日辰方許。又忌獨發。

或問：財能生官，何故因財有傷？

答曰：財固生官，但用官為主，必有輔之。父母為文書，官伏財下，財去剋了文書，主官人要錢，文書有阻。

若官爻伏財是世下，或父母透出直日辰，如此可用。若父母持世獨發，則重疊艱辛，事不濟矣。

虎易按：「官伏財下，財去剋了文書」，如財爻安靜，是不能剋父母爻的，只有財爻發動的時候，才能剋父母爻。讀者宜細心體會，根據基本的原理和知識，理解各種因素的應用條件。「占鬼伏財」，例如《風雷益》卦，是本宮官鬼伏妻財世下。

虎易附例：008		
占鬼伏財		
	巽宮：風雷益	
伏神	**本卦**	
	兄弟辛卯木 ▅▅▅▅▅	應
	子孫辛巳火 ▅▅▅▅▅	
	妻財辛未土 ▅▅　▅▅	
官鬼辛酉金	妻財庚辰土 ▅▅　▅▅	世
	兄弟庚寅木 ▅▅　▅▅	
	父母庚子水 ▅▅▅▅▅	

十三、官伏父母

鬼伏父母，舉狀經官。
若貼㊀世上，求之不難。

鬼伏父下，為官化文書。要貼世，或官鬼旺相，或文書直日，利經官下狀，及補名目之事。

或問：鬼伏父母，如何處用？

答曰：鬼伏父母，若在世下，方利下狀、攢補①名目事。若在他處，則亦艱辛矣。蓋父母為重疊神也。

虎易按：「若貼世上」，指伏在世爻下。貼，是靠近的意思。「官伏父母」，例如《風地觀》卦，是本宮官鬼伏父母世爻下。

虎易附例：009

官伏父母

乾宮：風地觀

伏神	**本　　卦**		
	妻財辛卯木	▅▅▅▅▅	
	官鬼辛巳火	▅▅▅▅▅	
官鬼壬午火	父母辛未土	▅▅　▅▅	世
	妻財乙卯木	▅▅　▅▅	
	官鬼乙巳火	▅▅　▅▅	
	父母乙未土	▅▅　▅▅	應

注釋

①趲（zǎn）補：趕補。

校勘記

㊀「貼」，原本作「財」，疑誤，據其注釋「要貼世」之意改作。

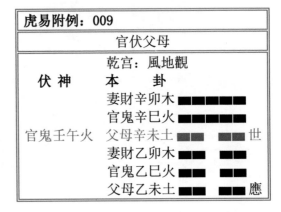

十四、官伏子孫

鬼伏子孫，去路無門。
官乘旺相，透出可分。

鬼伏子孫，只宜散憂。若用官，須是官鬼旺相，透出直日辰方可。若子孫旺相，占看夫病即死。

或問：官伏子孫，去路無門？

答曰：如羝羊觸藩①，不能進退。若官爻旺相在世下，世上旁爻子孫無氣落空，則不如此斷。倘子孫旺相，官爻無氣落空，亦不如此看。可斷有人關節，或官吏阻滯而已。

虎易按：「官伏子孫」，惟《水澤節》，《水雷屯》兩卦，但此兩卦第五爻官鬼戊戌土，就是本宮官鬼，按照本書的應用體例，也是應該以此爻為用神的。「官伏子孫」，例如「水雷屯」卦，是本宮官鬼伏子孫世下。

虎易附例：010

官伏子孫

坎宮：水雷屯

伏神	本卦		
	兄弟戊子水	▅▅　▅▅	
	官鬼戊戌土	▅▅▅▅▅	應
	父母戊申金	▅▅　▅▅	
	官鬼庚辰土	▅▅　▅▅	
官鬼戊辰土	子孫庚寅木	▅▅　▅▅	世
	兄弟庚子水	▅▅▅▅▅	

注釋

① 羝羊觸藩：《大壯》上六曰：「羝羊觸藩，不能退，不能遂，無攸利，艱則吉」。

十五、官鬼伏官

官鬼伏官，小人作難。
若親見貴，方許開顏。

若官伏鬼下，乃關隔之象，又主小人作難。若得旺相相扶，親見貴人可就。

或問：鬼伏官下，乃關隔之象，主小人作難，何也？

答曰：親爻官鬼是貴人也，旁爻官鬼是吏貼也。官人被吏貼遮蔽，不能出現，此所以小人作難也。

又問：若親見貴人，如何又得開顏？

答曰：凡用官伏官，皆被旁爻所隔。若用官伏官之卦，但世爻動化官鬼父母，故宜動身親去見官。官則用爻之神，父則輔助之物，於官有益，不至相傷，所以開顏也。

虎易按：「官鬼伏官」，惟《澤火革》、《雷火豐》、《地火明夷》、《風澤中孚》、《風山漸》、《澤風大過》、《澤雷隨》等八個卦，但沒有一個卦所伏本宮官鬼是在世爻下的。「官鬼伏官」，例如《澤火革》卦，是本宮官鬼伏本卦官鬼下。

虎易附例：011

官鬼伏官

伏神	坎宮：澤火革 本卦		
	官鬼丁未土	━━　━━	
	父母丁酉金	━━━━━	
	兄弟丁亥水	━━━━━	世
	兄弟己亥水	━━━━━	
官鬼戊辰土	官鬼己丑土	━━　━━	
	子孫己卯木	━━━━━	應

十六、出現重疊

出現重疊，還須旺相。若乘土爻，更看勾象。

世爻出現，乘父母、官鬼、子孫、妻財，旺相可取，休囚不可取。若乘辰戌丑未，更看勾合何爻也。

假令①《大有》卦：

《火珠林》教例：004		
乾宮：火天大有（歸魂）		
本　　卦		
官鬼己巳火	▅▅▅▅▅	應
父母己未土	▅▅　▅▅	
兄弟己酉金	▅▅▅▅▅	
父母甲辰土	▅▅▅▅▅	世
妻財甲寅木	▅▅▅▅▅	
子孫甲子水	▅▅▅▅▅	

甲辰父母持世，為雜氣②，能勾申子辰，化水局子孫。不宜官用。

或問：更看勾象，如何看？

答曰：如《火天大有》，能勾申子辰水局，傷官者，以甲辰土父墓持世也。若不乘土爻，便不看勾象矣。

又如《隨》卦：

《火珠林》教例：005

震宮：**澤**雷隨（歸魂）

本　　卦		
妻財丁未土	▅▅　▅▅	應
官鬼丁酉金	▅▅▅▅▅	
父母丁亥水	▅▅▅▅▅	
妻財庚辰土	▅▅　▅▅	世
兄弟庚寅木	▅▅　▅▅	
父母庚子水	▅▅▅▅▅	

世持庚辰，能勾申子辰合水局，利干文書之事。

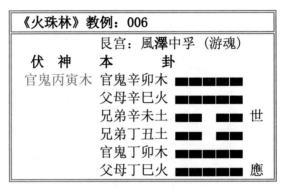

若《中孚》卦：

《火珠林》教例：006

艮宮：風澤中孚（游魂）

伏神	本卦		
官鬼丙寅木	官鬼辛卯木	▅▅▅▅▅	
	父母辛巳火	▅▅▅▅▅	
	兄弟辛未土	▅▅　▅▅	世
	兄弟丁丑土	▅▅　▅▅	
	官鬼丁卯木	▅▅▅▅▅	
	父母丁巳火	▅▅▅▅▅	應

世持辛未官墓，不能勾亥卯未官局。以《艮》宮親爻寅木是官，卯木非官也。

虎易按：此節所論「若乘土爻，更看勾象」。其「勾象」，是指世爻持土，可以與對其他五行構成合局。然後根據其合成的五行之局，確定屬何六親，分析對何事有利，對何事不利。

如論《火天大有》卦，水為子孫，火為官鬼。合成子孫水局，則水可剋火。既能傷官，也洩父母土之氣。

如論《隨》卦，水為父母。合成父母水局，則利文書之事。

如論《中孚》卦，「世持辛未官墓，不能勾亥卯未官局」，論述則不太準確，只要條件具備，同樣是可以合成卯木官局的。至於「以《艮》宮親爻寅木是官，卯木非官也」，則未必恰當，只是宋元時期占法的一家之言，並非完全合理，請讀者注意分辨。

關於「三合局」的概念，以及「三合局」能否成局的分析，讀者可以參閱其他相關著作，理解「三合局」的必要條件和應用方法。

注釋

①假令：假設。

②雜氣：辰戌丑未，是水火金木冲氣所結之處，為水火金木之墓庫，雖然五行屬土，並非純為土氣，還含有水火金木之餘氣，所以稱為雜氣。

十七、子孫獨發

子孫獨發，為退為散。
若乘旺相，亦可求財。

子孫為傷官之神，發動利脱事。若乘旺相，亦可求財。出現更看變爻。
子孫又為九流①、中貴人②、福德、醫藥、蠶禽。《乾》和尚③，《震》道士④，《兑》尼姑⑤，《巽》道姑⑥，《坎》醫藥，《離》卜士⑦，《艮》法術⑧，《坤》師巫⑨。
或問：《乾》和尚，如何説？
答曰：《乾》為圓、為首，和尚圓顶，象天也。
又問：子為和尚？
答曰：子孫在《乾》宮，其類神，乃為和尚也。餘以類推之。

虎易按：「子孫獨發，為退為散」，指子孫爻獨發，可以剋制官鬼，解除憂疑，退散災禍。「若乘旺相，亦可求財」，子孫為財之元辰，子孫動則生財。

注釋

①九流：指各種才藝。
②中貴人：帝王所寵幸的近臣。
③和尚：梵語在古西域語中的不確切的音譯。在中國則常指出家修行的男佛教徒，有時也指女僧。
④道士：道教徒。
⑤尼姑：指披剃出家的女佛教徒。
⑥道姑：女道士。
⑦卜士：從事占卜的術士。
⑧法術：舊時方術之士畫符驅鬼等所謂神奇變化之術。
⑨師巫：巫師。

校勘記

㊀「人」，原本脱漏，據《新鍥斷易天機·子孫獨發》原文補入。

十八、兄弟獨發

兄弟獨發，為詐為虛。
若乘旺相，財破嗟吁①。

兄弟為劫財之神，大忌隱伏。動發主虛詐不實之事，凶不凶，吉不吉。若旺相，主口舌、憂疑、破財。如出現發動，更看變得何如，大怕化鬼爻，凶。

或問：兄弟為劫財之神，大忌隱伏，發動，何也？

答曰：隱伏，看兄弟伏在世爻下也。不伏世爻下，非為隱伏。動發者，兄弟獨發也。

虎易按：「兄弟為劫財之神，大忌隱伏」，「隱伏，看兄弟伏在世爻下也。不伏世爻下，非為隱伏」。這裏所稱的「隱伏」，應該只是針對財爻持世而言，財爻持世，兄弟隱伏世下，剋制世爻。《新鍥斷易天機》曰：「伏剋飛神為出暴」，兄弟隱伏，不僅是可能破財，還有可能會傷身。如果子孫爻持世，兄弟伏藏世下，子孫爻得兄弟所生，則另當別論了。

注釋

①嗟吁（jiē yù）：傷感長歎。

十九、父母獨發

父母獨發，重疊艱辛。
若乘旺相，文書可成。

父母為重疊之神，大忌出現發動。若趲補名闕①，求書札、取契，得旺相動發可成。若坐休囚，不可憑準矣。

或問：父母為重疊之神，何故為重疊？
答曰：凡六親只有一重，惟父母有兩重，如祖父母、父母也。故父母發動，重疊艱辛。
又問：如坐休囚，不可準憑？
答曰：父母發動，旺相尚自重疊艱辛。若休囚，豈可憑乎？

虎易按：「重疊艱辛」，注釋「重疊」之義，不是太合理。如其所論體例，子孫也有兩重，子女，孫子女。「艱辛」，父母為辛勤，勞苦之神。我的看法：父母爻表示的物類，如各種文書，證件等的獲取，都是艱難之事，需要付出艱苦的努力，才能得到。如表示各種職業，做各種工作，即是為了謀生求財，所以必然有辛苦付出。

附：動止章

凡占官上馬，看文書爻入墓絕日去。墓，藏也。絕，止也。

占自身，或占父在外欲回家，看世爻絕墓日動身。又看世持甚爻，待日辰沖便歸。如卦中化出爻，來生合世爻，或去刑剋沖害世爻，便是此事搭住。如財爻，是婦人類。

注釋

①趲（zǎn）補名闕（quē）：趕補出缺的名額。

二十、官鬼獨發

官鬼獨發，為欺為盜。
若臨吉神，功名可望。

官鬼為官吏，若求名遇吉神，必主立身清高。若臨凶神，必主興訟，賊盜弄魅，害人之事。

虎易按：此節所論，是綜合不同類型的預測而言的，讀者要注意分清楚，不可混淆了。如「為欺為盜」，是指預測官非，盜賊，預測他人是否真實可信而言的。「功名可望」，則是指預測功名職位，官職升遷而言的。

二十一、妻財獨發

妻財獨發，生鬼傷父。
問病難痊，占親無路。

大抵財動剋父，亦能生鬼。然財爻宜旺不宜空，宜靜不宜動。惟占脫貨，要財爻發動。如占婚姻，財動必剋翁姑①。占訟，主剋文書。若財鬼俱動者，父有元神②，而翁姑不剋，文書有成。以上專論五鄉，公私兩用，為卜易者提綱捷訣也。

虎易按：「若財鬼俱動者，父有元神」，指卦中財爻和官鬼爻同時發動，財爻動生官鬼，官鬼動生父母，形成接續相生。財爻因為貪生官鬼，而忘剋父母。父母因受財官同動接續相生，所以「而翁姑不剋，文書有成」。

注釋

①翁姑：公婆的合稱。

②元神：生用神之爻，即為元神。也稱為「元辰」、「原神」、「恩神」。

二十二、占身命

世爻為命，月卦為身。
得則富貴，失則賤貧。

人之身命，冬至後占，得陽卦陽爻為吉。假如正月占，得二月卦為進。更加旺相祿馬，有子有財，居於有德之位，誠為有福貴人。

如冬至後⊖占得陰卦陰爻，不吉。正月占得十二月卦為退。兼以相刑相剋，休囚又無財無子，坐於不吉之爻，則為貧賤下命。

俱以得時為吉，失時為凶也。

虎易按：「世爻為命，月卦為身」。月卦之說，源於《京氏易傳•頤》卦，陸績注：「金星西方，入八月卦上冲」。

我認為，京氏的月卦之說，是他獨創的一種卦氣學說。本書列舉的一些應用方法，為我們傳承了這個學說，但本書將京氏「月卦」之說，演變成「月卦為身」的「月卦身」之說。也給讀者理解也帶來了一些歧義。

「陽世則從子月起，陰世還當午月生」，是確定月卦的基本體例規則，以上起例，讀者可參閱「六親根源」注釋。

「冬至後占，得陽卦陽爻為吉」。陽爻持世，所得到的月卦為「子丑寅卯辰巳」，冬至後占，得「子丑寅卯辰巳」月卦為進，所以為吉。

「如冬至後占得陰卦陰爻，不吉」。陰爻持世，所得到的月卦為「午未申酉戌亥」，冬至後占，得「午未申酉戌亥」月卦為退，所以不吉。

《尚書•洪范•九疇》曰：「身其康强，子孫其逢，吉」。人之身命，「俱以得時為吉，失時為凶也」，這裏是以「卦氣」的得失和進退，去推演吉凶。

校勘記

㈠「後」，原文脱漏，據前文之意補入。

二十三、占形性

外卦為形，內卦為性。
若占其人，以用而定。

以外卦為形貌，內卦為性情。

《乾》在外，頭大面圓，逢剋則破相。在內，則心寬量大。

《兑》在外，則和說多言。在內，則心小胆大。

《離》在外，文彩。在內，聰明。

《震》在外，身長有鬚。在內，心暴不定。

《巽》在外，身長有鬚。在內，心毒而忍，安身不穩。

《坎》在外，形黑活動。在內，心险多智。

《艮》在外，其頭上尖下大。在內，心志固執。

《坤》在外，厚重。在內，主静，逢凶則魯鈍①。

1、再以五行隨卦之金木水火土通論

金為人：潔白貞廉，骨細肉膩，聲音響亮。為性不受激觸，處事多能，好學，好酒，好歌唱。如帶殺重，乃武夫，或多武藝。

木主人物：修長，聲音暢快，鬚髮美，眉目秀，坐立身多攲側②。為事窒塞③，無通變之謀。如死絕，則人物瘦小，髮黃眉結，柔語細聲，不能自立之人也。

水為人：背小團面，色或焦。行動搖擺，為性大寬小急，處事無定見。喜淫，好酒，少誠實。若帶吉神、貴福者，乃志量廣大，包含宇宙之才也。

火人：面貌上尖下闊，印堂窄，鼻露竅，精神閃爍，語言急速，性躁，聲焦，其色赤或青不定。坐鬚搖膝，立不移時，臨事敏速。旺乃聰明，文章之士。

土人：頭圓面方，背方腹闊，為性持重，處事沉詳，語言簡默，動止不輕。如遇墓絕，乃块然一物，無智，無謀，無能之愚人也。

2、論女人性形

金財端正德貞潔，美貌團團似明月，心性聰明針指高，肌膚一片陽春雪。

木財嬌態勝仙娃，能梳雲鬟④似堆鴉，身體修長眉眼秀，金蓮慢把翠台遮。
水性為人多變更，未有風來浪自生，若加玄㈠武咸池並，巧似楊妃體態輕。
火財為人心性急，未有事時言便出，鬢髮焦黃骨肉枯，夫婦和諧難兩立。
土財不短亦不長，絕美人才面色黃，若逢吉曜生佳子，性慢言慳⑤福壽昌。

虎易按：本節總論，採用「以外卦為形貌，內卦為性情」的方法，根據各卦所屬五行表示的象義，幫助我們分析所占之人的形體外貌和性情。「若占其人，以用而定」，指不論要分析與求測人相關的任何關係人，都可以從卦中選取相應的用爻，採用以上方法，去分析其形體外貌和性情。

第一小節，論述了卦爻之五行屬性所表示的象義，第二小節，則是以卦爻之五行屬性所表示的象義，專門論述女人形性。由於我國古代社會，一般是以男人為主的社會，因此，在卦中表示女人的六親，就是妻財爻，所以此論就是以妻財爻所臨的五行，論述女人的形性。

讀者在應用時，可以根據求測人的需要，從卦中尋找出相對應的用爻，然後按照本節論述的卦之五行屬性，爻之五行屬性，以及六親、六神等基本屬性，各自所包含的象義，綜合分析用爻所表示的人物形性，力求與所測的人物客觀情況去吻合對應。

對於人物形性的分析，讀者不可拘泥於此節所述內容，還可以參考卦宮、內外、卦爻的陰陽五行、爻位、六親、六神等象義的應用，可以根據其基本屬性和原理，結合當時的社會現實情況，以及當時的語言文字方式，推演擴展應用，進行系統的分析。

注釋

①魯鈍（dùn）：粗率，遲鈍。

②攲（jī）側：傾斜。

③窒（zhì）塞：閉塞。

④雲鬢（bìn）：形容婦女濃黑而柔美的鬢髮。

⑤言慳（qiān）：話語少。

校勘記

㈠「玄」，原本作「元」，疑誤，據《卜筮元龜》原文改作。清代因避康熙皇帝（玄燁）名諱，以「元」代「玄」。後文遇此字，直接改正，不另說明。

二十四、占運限

大小二限，從初世起。
陽順陰逆，六位周流。

卦之大限，以陽世為順，陰世為逆。陽順則自世而上，陰逆則自世而下。每一爻管五年，周而復始。逢生令則吉，遇刑傷則凶。

其小限，一年一位，周流而已。

假如丁酉年㊀七月甲午日㊁己巳時，占得《大壯》。

自一歲在世上，至六歲與十歲在六五。至十一歲在上六，至十六歲[三]在初九。二十一歲

《火珠林》教例：007

時間： 丁酉年　戊申月　甲午日　己巳時（旬空：辰巳）

占事： 占運限？

坤宮：雷天大壯（六冲）

本　　卦

兄弟庚戌土 ▅▅　▅▅
子孫庚申金 ▅▅　▅▅
父母庚午火 ▅▅▅▅▅ 世
兄弟甲辰土 ▅▅▅▅▅
官鬼甲寅木 ▅▅▅▅▅
妻財甲子水 ▅▅▅▅▅ 應

㊃在九二，二十六歲㊄在九三，甲辰比肩①。但二十七歲，小限在上六，故曰大小二限並兄弟，必以先傷妻，而後破財。餘仿此。

大小限行運順序表

坤宮：雷天大壯（六冲）		
本　　卦	**大限**	**小限**
兄弟庚戌土 ▅▅　▅▅	十一至十五歲	3、9、15、21、27
子孫庚申金 ▅▅　▅▅	六至十歲	2、8、14、20、26
父母庚午火 ▅▅▅▅▅▅ 世	一至五歲	1、7、13、19、25
兄弟甲辰土 ▅▅▅▅▅▅	二十六至三十歲	6、12、18、24
官鬼甲寅木 ▅▅▅▅▅▅	二十一至二十五歲	5、11、17、23
妻財甲子水 ▅▅▅▅▅▅ 應	十六至二十歲	4、10、16、22

又有以本體為初，互體為中，化體為末者。

又有以本卦管三十年，每爻五年。以之卦管三十年，每爻五年。學者亦可參之。

虎易按：本節介紹了占運限的方法，其中「本體為初，互體為中，化體為末者」，指本卦為初運，互卦為中運，變卦為後運。

注釋

①比肩：並列，比喻地位相等。這里比喻為「兄弟」。

校勘記

㈠「年」，原文脱漏，為協調文意補入。

㈡「日」，原文脱漏，為協調文意補入。

㈢㈣㈤「歲」，原文脱漏，為協調文意補入。

二十五、占婚姻

喜合婚姻，世應宜靜。
財官旺相，婚姻可成。

世應有動便不成。
男家娶妻看財爻，代占同。女家嫁夫用鬼爻，忌動。
出現，怕冲。若旺相可成，世應相剋不久。世夫應婦，又看何人占之。
占夫忌子孫發動，子孫持世不成。占妻忌兄弟發動，兄弟持世不成。間爻為媒，父母為三堂，子孫為嗣①，宜靜。卦無子孫，不歡喜。
或問：世應有動便不成，何也？
答曰：世動男家進退，應動女家不肯，世應有空亦然。
問曰：忌二字動，忌何爻動也？
答曰：財官二字。
問曰：何為三堂？
答曰：父母、兄弟、子孫也。

凡財爻與兄弟合，此婦不廉。五爻持鬼，此婦貌醜。財伏墓下，主生離死別。財伏鬼下，主婦人帶疾，兄伏鬼亦然。財伏兄下，主婦人淫蕩。鬼伏兄下，主男子賭博。身爻值鬼，主帶暗疾。此又不傳之妙。

占妻看財爻，宜靜。占夫看官爻，宜靜。陽宮端正，陰宮醜陋。在飛上，應頭面四肢。在飛下，應笨拙不穩。

男占得《震》《巽》，主再婚。

《火珠林》教例：008		
震宮：震為雷（六冲）		
本　卦		
妻財庚戌土	▅▅　▅▅	世
官鬼庚申金	▅▅　▅▅	
子孫庚午火	▅▅▅▅▅	
妻財庚辰土	▅▅　▅▅	應
兄弟庚寅木	▅▅　▅▅	
父母庚子水	▅▅▅▅▅	

《火珠林》教例：009		
巽宮：巽為風（六冲）		
本　卦		
兄弟辛卯木	▅▅▅▅▅	世
子孫辛巳火	▅▅▅▅▅	
妻財辛未土	▅▅　▅▅	
官鬼辛酉金	▅▅▅▅▅	應
父母辛亥水	▅▅▅▅▅	
妻財辛丑土	▅▅　▅▅	

女占得《坎》《離》，主再嫁。

《火珠林》教例：010			**《火珠林》教例：011**		
坎宮：坎為水（六冲）			離宮：離為火（六冲）		
本　　卦			**本　　卦**		
兄弟戊子水	▅▅　▅▅	世	兄弟己巳火	▅▅▅▅▅	世
官鬼戊戌土	▅▅▅▅▅		子孫己未土	▅▅　▅▅	
父母戊申金	▅▅　▅▅		妻財己酉金	▅▅▅▅▅	
妻財戊午火	▅▅　▅▅	應	官鬼己亥水	▅▅▅▅▅	應
官鬼戊辰土	▅▅▅▅▅		子孫己丑土	▅▅　▅▅	
子孫戊寅木	▅▅　▅▅		父母己卯木	▅▅▅▅▅	

妻在間爻，女有親為主婚。夫在間爻，男有親為主婚。但得時旺相，皆許成。出現忌日冲。

世動男不肯，應動女生疑，用神如發動，成也見分離。間動有阻隔，或是媒人作鬼。如占女人妍醜②，第五爻為面部。如財福旺相持之，絕色。父母次。兄弟持之，貌醜陋不妍。

上六爻為頭髮，如火坐之，主鬓髮焦黃色。看大脚小脚，專看初爻。初爻是陽主大脚，初爻是陰主小脚。重化拆，半扎脚。交化单，先纏後放。

虎易按：「男占得《震》《巽》，主再婚」，「女占得《坎》《離》，主再嫁」，大約因為都是六冲卦，六冲則有不久之意。

附：占婢妾

專以財爻為主象，財爻旺相便吉。若動出官來，主生病招訟。動出兄來，主口舌。若兄爻財爻合住，主有外情不良。如有爻象與財爻三刑六害，必主因此成訟。財化子，性善。財化官，帶疾。財化兄，主淫蕩不良。財化父，老成。財化子，性遲緩，不管事。

定婦人、女子③，看財福二爻。生身世，無冲剋，是女子。財福生官兄，或官兄旺動，是婦人。

凡占雇取僕從，亦用財爻為主象。財不可太過，又不可無財並空亡。若如此，慵懶不向前。子化財，為人純善。鬼化財，帶疾。兄化財，不真實，多說謊，瞞騙人家。父化財，性重，作事穩。財化兄，多淫蕩，難托財。

又看身爻。身是鬼，主有疾。身是父，主識字。身是兄，多說謊。身是子，主慈善。身是財，最好。化出鬼，主生病、招口舌。化出兄，主口舌，不穩。

注釋

①嗣（sì）：後代。

②姸（yán）醜：美和醜。

③定婦人、女子：已婚稱為婦人，未婚稱為女子。

二十六、占孕產

孕看財爻，胎加龍喜。
旺相為男，休囚是女。

產孕須尋龍喜①，胎神，白虎臨於妻財，旺相為男，休囚是女。《乾》《兑》《坎》《離》在下卦，主順生。《震》《巽》《艮》《坤》在下卦，主逆產。蓋《乾》首、《兑》口、《坎》耳、《離》目，在下為順。以《震》足、《巽》股、《艮》手、《坤》腹，在下為逆也。

假令《乾》宮子孫，以水長生在申，到午為胎爻。三合寅午戌，三日内生也。要知男女，胎爻屬陽生男，胎爻屬陰生女。《坤》卦六爻安静生男，此乃陰極動而生陽，又不可專泥也。

凡占老娘②，看間爻。持財子，老娘手段高。持父兄官，手段低。

占奶子③，看財爻。旺相，有乳食。財爻無氣或空，乳少。

虎易按：胎爻，也稱為胎神，有兩種看法。一是以五行十二宮臨胎論胎爻，「假令《乾》宮子孫，以水長生在申，到午為胎爻」。子孫爻臨其他五行，其胎爻的確定，讀者可參考《十二宮生旺墓絕表》的內容。

十二宮生旺墓絕表

狀態＼五行	水	火	木	金	土
長生	申	寅	亥	巳	申
沐浴	酉	卯	子	午	酉
冠帶	戌	辰	丑	未	戌
臨官	亥	巳	寅	申	亥
帝旺	子	午	卯	酉	子
衰	丑	未	辰	戌	丑
病	寅	申	巳	亥	寅
死	卯	酉	午	子	卯
墓	辰	戌	未	丑	辰
絕	巳	亥	申	寅	巳
胎	午	子	酉	卯	午
養	未	丑	戌	辰	未

二是以本卦的二爻為胎爻。這兩種方法讀者可以互相參考。

「白虎臨於妻財，旺相為男，休囚是女」，白虎為血神，主急，主剛，這裏是以卦爻的旺衰去分析判斷。

「胎爻屬陽生男，胎爻屬陰生女」。這裏是以胎爻的陰陽屬性，或者五行屬性去分析判斷。

測孩子的男女性別，也可以採用卦中子孫爻為用神。子孫爻安靜，以其五行屬陽主生男，屬陰主生女。也可以採用子孫爻卦爻的陰陽去分析，臨陽爻主生男，臨陰爻主生女。

子孫爻發動，陽爻動變陰爻主生女，陰爻動變陽爻主生男。也可以採用子孫爻五行屬陽，發動則主生女；五行屬陰，發動則主生男。

以上幾種分析方法，供讀者參考，讀者也可以在實踐應用過程中，去尋找合適的方法。

注釋

①龍喜：指青龍和天喜。

②老娘：接生婆的俗稱。

③奶子：乳母的俗稱。

二十七、占科舉

科舉①功名②，干求③進職。
皆取官爻，旺相必得。

凡占赴試④、謁貴⑤、面君⑥、參官⑦、到部謀干事，看世上有無文書，若父母旺相，可許。但官爻旺相，便吉。忌子孫持世，不中。

占赴任⑧，子孫持世或獨發，必不滿任也。

或問：看世上有無文書，何也？

答曰：此專用官為主，父母爻為輔。所以，要父母在世上也。以文書為主，要文書持世，無刑剋。太歲貼身，必作狀元。

凡占試，以鬼為主。看伏在何爻下，要日辰生扶合出。

且如春占《剥》卦：

《火珠林》教例：012		
時間：春季		
占事：占考試？		
	乾宮：山地剥	
伏神	本　　卦	
	妻財丙寅木 ▅▅▅▅▅	
	子孫丙子水 ▅▅　▅▅	世
官鬼壬午火	父母丙戌土 ▅▅　▅▅	
	妻財乙卯木 ▅▅　▅▅	
	官鬼乙巳火 ▅▅　▅▅	應
	父母乙未土 ▅▅　▅▅	

官在文書爻下，有氣，日辰合出，主試中試。

求職請判，宜官鬼出現，忌動發。在任宜鬼静，鬼發有動，子動有替。

若六爻中，只有一爻動，最急。兄動，事不實，難成。若現有氣，可速成。怕落空。易云：「動爻急如火」。次或出現，文書與貴人，但卦中原無，或不入卦，或落空，其事難。官與文書俱旺相，亦要持世方可成。應爻不剋，事體分明。《乾》《兑》《坎》宮，謀事不一，見官用動，其人多出，見亦生嗔⑨。

虎易按：「凡占試，以鬼為主」，這裏所說的「占試」，是指封建時代的科舉考試，現代的公務員考試與此相似。這樣的考試，考官的個人好惡，是判斷考生成績好壞的標準，並且一旦錄取，就是有功名職位的，所以有此論。

現代社會的其他各種考試，如數理化考試評分，都是有標準答案去判斷的。因此，判斷考試成績，應該以父母爻為主。如果測高考能否錄取和求職能否錄用等，則要以父母爻表示成績，官鬼爻作為錄取和錄用官員，來分析是否可以被錄取。以上看法，供讀者參考。

注釋

①科舉：指中國封建時代從隋唐到清代的分科考選文武官吏後備人員的考試制度。

②功名：舊指科舉稱號或官職名位。

③干求：請求，求取。

④赴試：猶趕考，前往應試。
⑤謁（yè）貴：拜見尊貴的人。
⑥面君：面見君主。
⑦參官：君主時代上奏章揭發官吏的罪狀，彈劾官吏。
⑧赴任：上任，前往任職。
⑨生嗔（chēn）：生氣，發怒。

二十八、占謁貴

官鬼為主，世我應彼。
世應相生，得遇和喜。

凡占謁見，以外卦取。外陽爻可見，外陰爻不見。陰鬼陽世再見，陽鬼陰世已外出。出現在家，忌外卦獨發。伏藏應動，皆不見。看財爻旺相，出現忌動。用官，看官爻，忌世應坐鬼。又須問見何人，看用爻為主。謁見，用爻出現，旺相不動，在家。若空、冲、散，不在。世應相生合則吉，相剋必凶。

世剋應，或剋用爻，皆致怨之象，當俯仰小心。應剋世，或用爻剋世，皆願見，亦憂刑。應用相剋，不及相生也。

卦有身，相見更看用爻，用爻生身尤好。卦無身，又無用爻，或用爻空亡，終不見。

二十九、占買賣

財福出現，買賣必利。
世應相生，交易可成。

卦占買賣，惟要財福出現，如無不利。若是兄官發動於上爻，必知地頭不吉。凶殺洎①四五，途路坎坷多。

財爻持世，剋身得利。發動，剋身亦利。外剋內，應剋世，易得財。內剋外，世剋應，難得利。

內旺相，外無氣，其物先貴後賤。

財旺相，主貴，宜賣。財休囚，主賤，宜買。

兄動㊀不利，鬼動賊發，月建臨財則吉。官鬼臨庫，公財吉，私財凶。

卦有二身三身者，財當與人分共。本宮鬼化財可求，本宮財化鬼防失。

虎易按：「兄動不利」，因兄弟動剋財，所以買賣不利。「鬼動賊發」，是以「鬼為盜賊」來分析的。讀者可參閱本書「占賊盜」內容。

注釋

①洎（jì）：到，及。

校勘記：

㊀「動」，原本作「財」，據其卦理及文意改作。

三十、占求財

財來扶世，求之不難。
財空鬼旺，千水萬山。

卦之占財，要財福旺相，無則不吉。

世爻旺相剋應，征索可得，財以剋為索物也。故青龍上臨月合，吉神並世應，而六位有財，可得。白虎臨財己先嗔，臨應他先嗔。比和則無關，鬼動則必經營也。

應生世，雖無財亦可求。外生內，應生世，或比和不落空者，雖未有，尚有還財①。子爻動，彼自不還。死氣財，必長生日得。

外剋內卦宜出財，内剋外卦宜入財。

將本求利，須要財爻持世應，旺相有氣，乃大吉。財爻無氣，雖有亦無多。財爻空亡，其財決無，尤防破失。財爻生旺可倍加，休囚減半。逢冲，將入手有阻。

空手求財，雖有財爻，却要鬼旺，方為全吉。如財爻旺相，卦中無鬼，雖財可求，實無可得。若有鬼無財，雖有高術，亦不得財。二者，必用二全，方為大吉。

父母化財，先難後易。財化父母，先易後難。財化兄弟，先聚後散。兄弟化財，先散後聚。

前卦有財，後卦無財，速謀有得，遲則無。前卦無財，後卦有財，遲取方有，目下未值。財之多寡，須憑爻之衰旺決之。

子孫為財之源，若加青龍發動，不問財爻衰旺，決可求謀，乃大吉之兆。父母動，則子受傷，不能生財，財源已絕，若遇白虎同登凶。縱其財旺，生合世爻，只許一度，不可再圖。世為我，若財來生我、剋我皆吉，乃易得之象。若我剋財爻，謂之剋退。財靜猶可，若動，如入下逐高，不能及也。若世安静，財爻發動，生我、剋我，此財來逐我之象，決主易求。看得財日，須與日辰合，方得入手。若旺相之財，墓日可得。無氣之財，生旺日乃得也。

虎易按：本節占求財，列舉了求財的各種類型，以及預測各類求財的分析判斷方法。讀者應仔細閱讀，理解，在實踐中，根據不同的類型，採用不同的方法應用為宜。

注釋

①還財：指以前借給人家錢財，或者托付給人家的錢財，現在得到歸還。

三十一、占博戲

博戲鬥禽，福旺物真。
財為利息，鬼動不贏。

世應見鬼爻皆敗，乃彼我不得地。

世旺剋應我勝，應旺剋世彼勝。子孫妻財喜扶世，我勝。子孫旺相，喜動。

或問：妻為我物，鬼為彼蟲，如何取用？

答曰：此言鬥禽蟲也。若轉變之事，則不一同。專要子孫持世旺相，或獨發便贏。若鬼兄財爻動，便輸。要知當日，俱以時辰取福德言之。

要知取何爻財，但向五鄉取。何爻若旺者，便是。此捷法也。

問：父動冲撞多，兄弟動多鬥，鬼財動必輸。

虎易按：最後一問，但無答，不知是原文脫漏，還是行文疏失。「世旺剋應我勝，應旺剋世彼勝」，指各種比賽、博弈而言。其中以動物博戲，如鬥禽蟲、鬥雞、鬥狗等，則以子孫爻為用神，「專要子孫持世旺相，或獨發便贏。若鬼兄財爻動，便輸」。讀者宜根據不同的博戲項目，做出分析判斷。

三十二、占出行

遠行出入，財旺大吉。
鬼旺多凶，持身最吉。

財為行李，子為喜悅。

凡鬼爻持世，兄弟獨發，鬼爻旺相，鬼墓貼身，游魂八純，皆不可出行。

或問：游魂、八純皆不可出行，如何？

答曰：游魂主忘返，八純主賓不和，故不利出入也。

動宜行。世應俱動，宜速行。旁爻動，利行遲。八純，不宜遠行。世墓方，大忌。

要看第五爻，持世為緊。但宜財爻、子孫持世，或旺相動便好。

只怕鬼兄動，世爻化入墓。化出兄鬼，主有口舌，或主病。

世空去不成。或動爻沖剋世爻，便斷此人傷我。如鬼爻，鬼賊官事。兄爻，口舌是非。父爻，船事不便，或文書等事。財爻動，當有財物之喜。子孫動，或化子孫，去有財喜。

虎易按：「財為行李」，似乎不太準確。《卜筮全書•天玄賦•出行章》曰：「父母為行李，旺相則多，休囚則少」，「妻財為錢鈔」，此論似乎更為合理一些，可供讀者參考。

「要看第五爻，持世為緊」，按鬼谷辨爻法，第五爻表示道路。

鬼谷辨爻法	
六爻	家庭
五爻	道路
四爻	户
三爻	門
二爻	身
初爻	足

三十三、占行人

行人用財，鬼動必災。
應爻坐鬼，無透不來。

但以財為用。親爻為行人，旁爻為音信。

持世立至，遠三日，近當日。財爻出現，旺相來速，休囚來遲。財爻伏藏，旺相直日，便至。旺相不直日，未來。財爻出現旺相，值墓月份方歸。

大忌應爻坐鬼、兄弟。須是月㊀日辰透出安靜，以財生旺日到。亂動，以父母生旺日到。

初爻為足，二爻為身，身足俱動來速。第三爻動，難得來。父母為信。

或問：親爻為行人，何為親爻？

答曰：財爻也。乃本宮之財，非旁爻財也。旁爻之財，但為信，而本宮之財為行人。

又問：三爻動，如何難得便來？

答曰：第三爻化出財爻，乘旺相動，便到。世空，行人便至。應空，未有歸期。

占家親在外，以墓為歸。若爻神出現，無日辰刑剋，行人可待。若在遠路，看用爻，值月何建，以審行人。應空，過一旬。歸魂卦，世動，不來，或別處去。凡占，必用爻三合日歸。如子爻為用神，取辰日回。如不回，申日回，申子辰三合也。遇空不取。

若用入世墓，亦主回。應空，有阻未至。世空，便到。應持鬼，去遠。子孫、財爻持世，遠三日、近二日回。第五爻動出財來，或子孫來，行人在路了。應動，行人發身了。亦看動出何爻？官鬼主有病。兄弟主口舌，或無盤費。父母動，船中有事，主有信。財動便至。鬼爻旺相，官事擔任。

虎易按：占行人「但以財為用」，此說似乎不當。其後文所論，以用爻或者應爻為用，似乎更為合理，讀者可互相參考。

校勘記

㈠「月」，原本作「日」，疑誤，據其文意改作。

三十四、占逃亡

逃亡看世，失物看財。
財動物出，世動難來。

凡占人逃去，歸魂自歸。八純卦，在親友家。一二三世易尋，四五世難尋。內動近，外動遠。

占六畜，小兒，看子孫。失物，看財。應不動，財不動，兄不動，財不空，鬼不發或伏藏，可見之象。以上雖可尋，若卜得《坤》《艮》宮：

財在大路，亦不能尋矣。

《火珠林》教例：013	**《火珠林》教例：014**
占事： 占失物？	**占事：** 占失物？
坤宮：坤為地（六冲）	艮宮：艮為山（六冲）
本　卦	**本　卦**
子孫癸酉金 ▅▅　▅▅ 世	官鬼丙寅木 ▅▅▅▅▅ 世
妻財癸亥水 ▅▅　▅▅	妻財丙子水 ▅▅　▅▅
兄弟癸丑土 ▅▅　▅▅	兄弟丙戌土 ▅▅　▅▅
官鬼乙卯木 ▅▅　▅▅ 應	子孫丙申金 ▅▅▅▅▅ 應
父母乙巳火 ▅▅　▅▅	父母丙午火 ▅▅　▅▅
兄弟乙未土 ▅▅　▅▅	兄弟丙辰土 ▅▅　▅▅

更問失何物。若失文書牌號，當以父母爻取。

或問：世爻動，如何難來？卜八純卦，何故在親友家？

答曰：外卦是六親出現也。

又問：一二三世易尋，何也？

答曰：一二三世下爻，去冲應，又外卦出現，故曰易尋也。

又問：世在五六爻難尋者？

答曰：外卦伏藏也。游魂主去遠，歸魂主自歸。

虎易按：「逃亡看世，失物看財」，此說可作一家之言。占逃亡，還是應該根據不同的對象，以用神而論為宜。占失物，也宜分類取用神而論。如其注釋所說「更問失何物」，「占六畜，小兒，看子孫。失物，看財」。「若失文書牌號，當以父母爻取」。「若卜得《坤》《艮》宮，財在大路，亦不能尋矣」，《坤》卦妻財癸亥水在五爻，《艮》卦妻財丙子水也在五爻，按鬼谷辨爻法，第五爻表示道路，所以稱為「財在大路」。讀者可參閱「占出行」所附「鬼谷辨爻法」。

三十五、逃亡方位

世宮為方，應宮為所。
歸魂八純，互換宮取。

世爻之宮為方。一爻獨發，方可取方。歸魂八純，以換卦宮取。《乾》互《坤》，《坎》互《離》，《艮》互《兑》，《震》互《巽》㈠。《乾》《艮》宮在山，《坎》近水，《兑》奴婢家。大怕鬼爻持世應，變出現，鬼爻乘旺相凶。
或問：世宮為方，何也？
答曰：如《天風姤》卦：

《火珠林》教例：015

占事：占逃亡方位？

乾宮：天風姤

本　卦		
父母壬戌土	▅▅▅▅▅	
兄弟壬申金	▅▅▅▅▅	
官鬼壬午火	▅▅▅▅▅	應
兄弟辛酉金	▅▅▅▅▅	
子孫辛亥水	▅▅▅▅▅	
父母辛丑土	▅▅　▅▅	世

辛丑持世，巽宮，乃東南方也。

又問：應宮為所，何如？

答曰：《天風姤》卦，應在壬午，宮在東南巽方，官人家也。

又問：歸魂八純，互換宮取，如何互換？

答曰：如占得純《乾》去看《坤》㊂，逃亡人在西南《坤》方也。

又如《兑》卦，往東北《艮》方尋。《艮》卦，往西方尋。此互換宮方取。

又問：《震》《巽》《離》，出外必無歸？

答曰：《震》《巽》屬木，《離》屬火，皆非藏之處者。下文《乾》《坤》《艮》

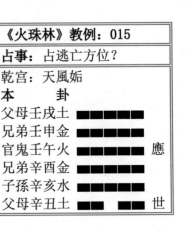

《兑》，而不及《震》《巽》《離》者，此也。

《震》，蘆葦中，或舟船中。《巽》，匠人處，竹木處。《離》，窑冶處，古廟裏。

世與內動在近，應與外動在遠。

用神出現，以旺為方。用神伏藏，以生為方。丑東北，辰東南，未西南，戌西北。

又斷應與用同。應是兄弟，本貫相識之家。

應是官鬼，有勾引人出去，或官司去處。

應是父母，投親戚家，或入手藝人家。

應是妻財，奴婢、妓弟①人家。應是子孫，在寺觀廟宇裏。

虎易按：「世宮為方，應宮為所」之說，似乎不太合理。我的看法，占逃亡之人，以用神所臨之卦宮為方，以用神所臨六親分析其所為宜，供讀者參考。

「如《天風姤》卦：辛丑持世。《巽》宮，乃東南方也」。指世爻所在的內卦為《巽》，《巽》卦後天八卦方位為東南方。

「歸魂八純，以換卦宮取」，指占得八純卦，或者歸魂卦，就換為本卦對宮卦取方。如《艮》卦為八純卦，則按先天八卦方位對宮換取《兑》卦，按後天八卦方位，《兑》為西方。其他卦宮互換仿此。

「如占得純《乾》去看《坤》，逃亡人在西南《坤》方也」，指《乾》卦互換為《坤》

卦，按後天八卦方位，《坤》宮為西南方。

讀者可參閱下面所附「先天八卦方位圖」和「後天八卦方位圖」，理解以上內容。

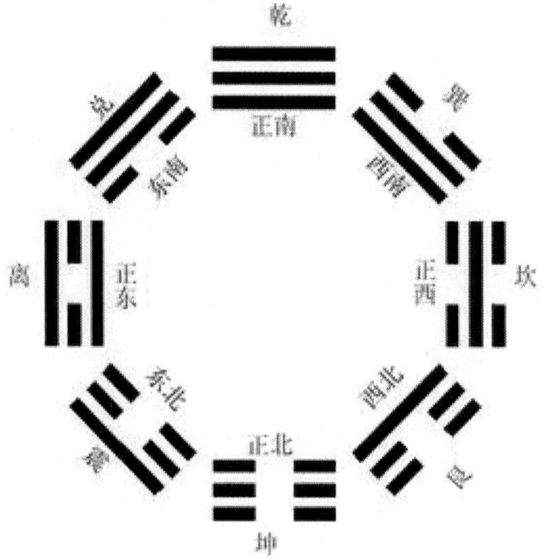

先天八卦方位圖

後天八卦方位圖

注釋

①妓（jì）弟：妓女。宋元時俗稱妓女為「弟子」，因有「妓弟」、「弟妓」之稱。

校勘記

㊀「《震》互《巽》」，原文脱漏，據其文意補入。

㊁「坤」，原本作「空」，疑誤，據其卦理及文意改作。

三十六、占失物鬼祟

陽鬼為男，陰鬼為女。
若是伏藏，返對而取。

占賊占祟，以鬼陰陽為用。占主女男，看得何宮。
如占賊，陽宮鬼出現，主男鬼，伏藏主女。陰宮鬼出現，主女鬼，伏藏主男。
占祟，鬼無正形，但以支干取之。鬼動，以单為少陽，拆為少陰，重為太陽，交為太陰。
如分老少何人，但看應爻最切。
或問：若是伏藏，返對而取。何謂返對？
答曰：用返卦為顛倒也。陽取陰，陰取陽之義。
又問：返卦時，何以知賊之巢？
答曰：但向鬼生方尋之。
又問：何以知鬼生方？
答曰：但看財爻伏何爻下。
如《姤》卦：

《火珠林》教例：016			
	乾宮：天風姤		
伏神	本　　卦		
	父母壬戌土	▅▅▅▅▅	
	兄弟壬申金	▅▅▅▅▅	
	官鬼壬午火	▅▅▅▅▅	應
父母甲辰土	兄弟辛酉金	▅▅▅▅▅	
妻財甲寅木	子孫辛亥水	▅▅▅▅▅	
子孫甲子水	父母辛丑土	▅▅　▅▅	世

財伏子孫下，在西北方，僧道小兒處也。

又問：何以定獲賊之日？

答曰：看子孫旺日是也。

虎易按：占盜賊、占鬼祟，以官鬼為用神。占捕盜之人（警察等），以子孫為用神。

占鬼祟，也是以官鬼為用神，讀者可參閱「占鬼神」的內容。

三十七、占賊盜

若有兩爻，可別单拆。
忽有獨發，鄰中可測。

卦有兩爻鬼者，以单拆分取之。六爻中一爻獨發，亦可取父母為老，子孫為幼，兄弟為男，妻財為女，官鬼橫惡，占賊，過犯人①。

或問：若有兩爻，可別单拆，如何別之？

答曰：一卦兩爻鬼，以单為陽人②，拆為陰人③。如俱為拆，只是陰人。鬼化鬼，乃過犯人也。

以應爻為主，財為財，鬼為鬼，出現最急，旁爻為次。凡財出現於五爻之下，不動可見。非鬼為賊，獨發爻亦可取。若有鬼為賊，更取日干為主，分辨老少。

凡占六畜，只以子孫為用，父母動則休矣。

凡失物專看財爻，本象要旺相，不空不動可見。如財爻空了、動了，是出屋也。更無氣，決不可見。

官鬼為賊，子孫為捕捉，兄弟為眾，父母為衣服、文書，財為失物。

如子孫旺相，其賊必獲。子孫無氣或空，難獲。鬼爻空，決尋不見。六爻無鬼安靜，非賊偷去，乃自失也。

財在內卦安靜，旺相，物不失，必在家中。內外俱有鬼，偷與外人。鬼剋世爻，主驀然撞見賊贓。鬼刑世，主賊再來，必有所損，宜防之。

財化鬼，婦人為賊。子化鬼，小兒或出家偷盜。鬼化鬼，過犯人拿。父化鬼，掌文書或老人為盜。兄化鬼，相識昆仲④為盜，有多伴。

虎易按：本節論述分析盜賊的方法，包括人數，男女，人物類型，以及被盜失物的種類，被盜或者遺失的判斷方法等內容。讀者可以結合「占逃亡」、「占失物鬼祟」等幾節內容，互相參考。

注釋

①過犯人：指以前曾經犯過案的人。

②陽人：指男人。

③陰人：指女人。

④昆仲（kūn zhòng）：稱人兄弟。長曰昆，次曰仲。

三十八、占鬼神

休囚為鬼，旺相為神。
本象家親，他宮外人。

虎易按：本書「占失物鬼祟」曰：「占祟，鬼無正形」。占鬼神，以官鬼爻休囚為鬼，旺相為神。官鬼爻是本宮官鬼，就是家親；官鬼爻不是本宮官鬼，就是外人。

對於鬼神的概念，古人多有論述。漢•王充《論衡•論死》曰：「鬼神，陰陽之名也。陰氣逆物而歸，故謂之鬼；陽氣導物而生，故謂之神」。唐•韓愈《原鬼》曰：「無聲與形者，鬼神是也」。《朱子語類》卷三曰：「鬼神只是氣，屈伸往來者氣也」。程頤曰：「鬼神，天地之功用，而造化之迹也」。張子曰：「『鬼神者，二氣之良能也』。愚謂以二氣言，則鬼者陰之靈也，神者陽之靈也。以一氣言，則至而神者為神，反而歸者為鬼，其實一物而已」。《御定星曆考原•提要》曰：「夫鬼神本乎二氣，二氣化為五行，以相生相剋為用。得其相生之氣，則其神吉。得其相剋之氣，則其神凶。此亦自然之理」。

以上古人之論，我認為還是比較客觀的。讀者宜客觀的理解古人提出來的鬼神概念，不宜從迷信的角度，以迷信的思維去理解。

以上論述歸納起來，就是天地間陰陽之氣，無聲無形，這些物質，對人和物即可能有利，也可能有害。我們可以根據其屬性，轉化為五行，分析這些物質對不同的人和物，所能產生的不同影響。採用「以相生相剋為用。得其相生之氣，則其神吉。得其相剋之氣，則其神凶」的標準去分析判斷。或者說「以生合拱扶世爻用神，對人和物有益者稱為神；以刑冲剋害世爻用神，對人和物有害者稱為鬼」的標準，去進行分析和判斷。

現代隨着科學技術的發展，人們已經認知了很多不同的陰陽五行之氣，當然，隨着時代的發展，還將會有更多的物質被人們發現和認識，人們的認知領域也將會不斷擴大。

目前已知的可以對人和物產生直接影響的各種陰陽五行之氣，大致上可以分為以下幾類，讀者可以根據其具體性質，去對應轉化其五行。

一、氣：空氣，氧氣，氫氣、花果香氣、濁氣，臭氣，穢氣，沼氣等。

二、毒氣：天然毒氣有瓦斯，一氧化碳、一氧化氮、硫化氫、二氧化硫、氯氣等；化學毒氣有各種烟氣、光氣、雙光氣、氰化氫、芥子氣，路易斯毒氣、維剋斯毒氣、沙林毒氣、畢茲毒氣，三氯乙烯、二氯乙烷等。

三、波：水波，電波，光波，超聲波，次聲波等。

四、輻射：熱輻射，核輻射，太陽輻射，電磁輻射，電離輻射，非電離輻射等。伽馬射線，X射線，α射線，β射線，中子，紫外光，激光等。

五、病毒：流感，痢疾，鼠疫、天花、出血熱，埃博拉，黑死病等各種過敏，瘴氣，瘴癘，瘟疫。

六、語言、文字、聲音、色彩、以及世界上存在的各類物品。

世界上所有的物質，都是具有陰陽五行能量的，對人類都會產生有利或者不利的影響。此處只列舉了一些有代表性的種類，其分類不一定準確，僅供讀者參考。讀者可以根據其基本原理，進行類比推演，不可拘泥。

1、六爻定體

六爻	公婆	家親	佛道
五爻	父母	口願	土神
四爻	叔伯	土神	半天
三爻	兄弟	門户	境神
二爻	夫妻	土地	家神
初爻	小口	灶君	司命

2、五行鬼

金木，橫死。土，時疫。火，勞血。水，落水。

3、八純卦

《艮》五聖，《震》天神，《巽》木神，《離》火神，《乾》功德，《坤》家神，《坎》落水，《兑》口願。

4、五鄉獨發，剋日剋世取之，各有兩義。

父母家先，子孫小兒。
妻財婦婢，兄弟陽人。
官鬼橫惡，以上隨爻。

或問：本象家先，他宮外人。何也？

答曰：本象鬼動是家親，旁爻鬼動是外人。

假如《乾》之《小畜》㊀卦：

《火珠林》教例：017					
占事：鬼動為何？					
乾宮：乾為天（六冲）				巽宮：風天小畜	
本　卦				**變　卦**	
父母壬戌土	▅▅▅▅▅	世		妻財辛卯木	▅▅▅▅▅	
兄弟壬申金	▅▅▅▅▅			官鬼辛巳火	▅▅▅▅▅	
官鬼壬午火	▅▅▅▅▅		○→	父母辛未土	▅▅　▅▅	應
父母甲辰土	▅▅▅▅▅	應		父母甲辰土	▅▅▅▅▅	
妻財甲寅木	▅▅▅▅▅			妻財甲寅木	▅▅▅▅▅	
子孫甲子水	▅▅▅▅▅			子孫甲子水	▅▅▅▅▅	世

壬午鬼動，是家親。

《大有》之《大壯》㊁卦：

《火珠林》教例：018						
占事：鬼動為何？						
乾宮：火天大有（歸魂）				坤宮：雷天大壯（六冲）		
本卦				**變卦**		
官鬼己巳火	▅▅▅▅▅	應	○→	父母庚戌土	▅▅　▅▅	
父母己未土	▅▅　▅▅			兄弟庚申金	▅▅　▅▅	
兄弟己酉金	▅▅▅▅▅			官鬼庚午火	▅▅▅▅▅	世
父母甲辰土	▅▅▅▅▅	世		父母甲辰土	▅▅▅▅▅	
妻財甲寅木	▅▅▅▅▅			妻財甲寅木	▅▅▅▅▅	
子孫甲子水	▅▅▅▅▅			子孫甲子水	▅▅▅▅▅	應

又問：土鬼何也？

答曰：此乃當處靈驗之鬼，俗謂之神者也。旺相為神，休囚為鬼。動爻剋世剋日，亦可取祟。

《易鏡㊂》云：「察禍推其鬼處，還將身配六親」。相剋相生，便見禍之端的。

虎易按：「動爻剋世剋日，亦可取祟」。這裏是以世爻為「我」，按「剋我者為官鬼」的配六親規則，動爻剋世爻，轉換六親後，動爻就是世爻之官鬼，所以「亦可取祟」。至於「剋日」，不知何意，據其原理，疑為「剋用」之誤。「各有兩義」，指本宮官鬼是「家先」，他宮及轉換後的官鬼是「外人」。以及「旺相為神，休囚為鬼」，這樣兩種定義。

校勘記

㊀「之《小畜》」，原文脫漏，據其行文體例補入。

㊁「之《大壯》」，原文脫漏，據其行文體例補入。

㊂「鏡」，原本作「鄰」，疑誤，據《增注海底眼•占祟》原文改作。

附：六神

青龍：善惡、經文、醮祀、廟香。無氣帶刑，自縊死。

朱雀：花幡、口願、符命、灶神。無氣帶刑，勞死鬼。

勾陳：天曹、勑士。無氣帶刑，黄病、路死鬼。

騰蛇①：夜夢、驚恐。上許下保福。無氣帶刑，夜夢見鬼。

白虎：金劉神，作犯白虎刀傷鬼。無氣帶刑，刀傷鬼。

玄武：上真、北陰神。無氣帶刑，落水陰鬼。

凡祭賽②有三：如祀上帝，即取藏爻中鬼神祇③，當用月建。神堂家廟，當用日辰。皆要生合卦身，不宜刑冲，亦不要動爻剋害刑冲。如合生福利而吉，若帶刑冲反招禍。卦爻中鬼自化入墓，必有不了再牽之患。

虎易按：「六神」，後世也有著作稱為「六獸」。本節六神的内容，主要是針對如何判斷鬼神而論。六神配卦爻，有一首歌訣：「甲乙起青龍，丙丁起朱雀，戊日起勾陳，己日起騰蛇，庚辛起白虎，壬癸起玄武」，此歌訣是以日干納六神配爻位的起例方法。如「甲乙起青龍」，指天干是甲或者乙的日子起卦，就從初爻開始配青龍，二爻配朱雀，三爻配勾陳，四爻配騰蛇，五爻配白虎，六爻配玄武。附《日干納六神爻位》表，供讀者參考。

日干納六神爻位表						
日干	甲乙	丙丁	戊	己	庚辛	壬癸
上爻	玄武	青龍	朱雀	勾陳	騰蛇	白虎
五爻	白虎	玄武	青龍	朱雀	勾陳	騰蛇
四爻	騰蛇	白虎	玄武	青龍	朱雀	勾陳
三爻	勾陳	騰蛇	白虎	玄武	青龍	朱雀
二爻	朱雀	勾陳	騰蛇	白虎	玄武	青龍
初爻	青龍	朱雀	勾陳	騰蛇	白虎	玄武

注釋

①騰蛇：也作「螣蛇」，傳說中一種能飛的蛇。

②祭賽（jì sài）：祭祀酬神。

③鬼神祇（qí）：指天神和地神，泛指神明。

三十九、占詞訟

舉訟興詞，要官有氣。
若是被論，休囚却利。

凡下狀論人，官爻旺相出現，必赢。
若占被論①，官爻休囚，鬼爻持應，世爻剋應，子孫持世，反得理吉。
若代占人坐獄，忌世下坐鬼，鬼墓持世，凶。
但鬼爻動，便不可與人爭。財動折㊀理，亦不可訟。
或問：代人占坐獄，忌世下坐鬼。代占看應，何故反看世也？
答曰：此理最微，人所不測，宜於是有疑。唯世下坐鬼，便去冲應合應，故主離脱。汝若不信，請以六十四卦取之。
又問：如何財動折理？
答曰：財折㊁理，財動便主理虧。蓋財能傷文書，文書既被傷，安得有理？
又問：財化財如何？
答曰：雖有理而不勝。

又問：官化官如何？

答曰：推移主有詐偽事在後。

又問：父化父如何？

答曰：事重叠，遲遲未決。

又問：子化子何如？

答曰：主干連小口。

又問：兄化兄何如？

答曰：主對頭爭執。

凡外有官㊂鬼持世，主必遭虧，更有罪名。父動剋世，因勾惹之事。世空自散宜和解，應空詞訟没期程。

凡世持鬼、鬼動入墓，卦中無財，必在獄中死。

凡卦爻變鬼，刑冲害身世，主徒流之罪。

如金爻是鬼，刑剋身世化死墓絕，必主死罪。官事不宜官鬼動，動則看來生合冲剋世應，以定彼此吉凶。

虎易按：占詞訟，也就是現代所說的打官司，首先要確定求測人是原告還是被告，這兩種情況，分析的方法是不一樣的，讀者要注意區別。

占詞訟，應該以父母爻為證據，文書，也表示道理，所以「財動便主理虧。蓋財能傷文書，文書既被傷，安得有理」？

《黃金策•詞訟》曰：「逢財，則理直氣壯」，「占訟，以財為理」，從卦理的角度去推演，是不能成立的，並不能表示是真正的有理。只能以另一種解釋，臨財的一方財大氣粗，可以用財去收買法官，讓其作出對自己有利的判決。這樣的司法腐敗，在各個歷史階段，都是屢見不鮮的。

注釋

①被論：指被人家控告，舉報。

校勘記

㈠「折」，原本作「拆」，疑誤，據其文意改作。

㈡「折」，原本作「為」，疑誤，據「財動折理」之意改作。

㈢「官」，原本作「客」，疑誤，據「官鬼」名詞改作。

四十、占脫事散憂

脫事散憂，子孫旺相。
世動自消，不成凶象。

凡占脫事散憂，要子孫旺相出現，或子孫獨發，世爻動亦自散。忌應爻剋世，鬼爻旺相，獨發凶。

或問：世動自消，不成凶象，何也？

答曰：只是世動，我可脫。如財動，利乾貨之義。

又問：世動出官鬼，如何？

答曰：世動只是遲滯難脫，主亦無事。若占，論何日出禁？須要得日辰，冲散六害，方出。如世爻持未，得丑爻動，或日辰是丑，當是丑日出獄也。身爻世爻，被太歲冲生合，有赦也。

假令有人占推役與人，要世空，子孫獨發，旺相。又要官鬼空，或官入墓絕，應持鬼好。若世生官，凶難脫，破財。官鬼動化出，同。

且如疑一人阻我事，要占是他否？專看應爻。持財子父並安靜，不是，空亦然。應是官鬼，或化出兄弟，是此人也。

虎易按：「占推役與人」，是指將自己應該承擔的徭役任務，推卸給其他人去承擔。

四十一、占疾病

凡占疾病，應藥世身。
若坐墓鬼，病主昏沉。

卦有三墓：宮墓，鬼墓，財墓㊀。以世為身，忌生鬼爻，本宮墓鬼得之者，主自身合災。暴病未可，久病必死。以應為藥，忌坐鬼爻，旺相凶。本宮墓鬼得之，主無藥，服藥不效。大怕申酉爻持世，占病重大，忌木爻獨發，鬼爻旺相伏世下，旺爻動剋世。

虎易按：「大怕申酉爻持世，占病重大，忌木爻獨發，鬼爻旺相伏世下，旺爻動剋世」。此申酉持世，應該是指申酉伏於世爻下。如果世爻木獨發，伏神鬼爻申酉旺相，剋飛神世爻木，所以說占病重大。

或問：卦有三墓，何謂三墓？

答曰：如《天風姤》卦：

《火珠林》教例：019			
占事：何墓？			
	乾宮：天風姤		
伏神	**本　卦**		
	父母壬戌土	▅▅▅▅▅	
	兄弟壬申金	▅▅▅▅▅	
	官鬼壬午火	▅▅▅▅▅	應
父母甲辰土	兄弟辛酉金	▅▅▅▅▅	
妻財甲寅木	子孫辛亥水	▅▅▅▅▅	
子孫甲子水	父母辛丑土	▅▅　▅▅	世

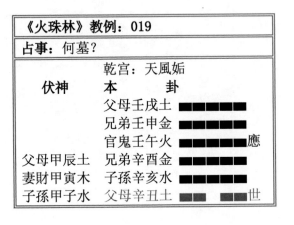

旁爻丑持世，《乾》宮屬金，墓在丑，此是宮墓。

如《中孚》卦：

《火珠林》教例：020

占事：何墓？

	艮宮：風澤中孚（游魂）		
伏　神	**本　　　卦**		
官鬼丙寅木	官鬼辛卯木	▅▅▅▅▅	
	父母辛巳火	▅▅▅▅▅	
	兄弟辛未土	▅▅　▅▅	世
	兄弟丁丑土	▅▅　▅▅	
	官鬼丁卯木	▅▅▅▅▅	
	父母丁巳火	▅▅▅▅▅	應

世持辛未，《艮》官屬土，以寅木為鬼，木墓在未，此是鬼墓。

如《泰》卦：

《火珠林》教例：021

占事：何墓？

坤宮：地天泰（六合）

本　　卦		
子孫癸酉金	▅▅　▅▅	應
妻財癸亥水	▅▅　▅▅	
兄弟癸丑土	▅▅　▅▅	
兄弟甲辰土	▅▅▅▅▅	世
官鬼甲寅木	▅▅▅▅▅	
妻財甲子水	▅▅▅▅▅	

甲辰持世，《坤》宮屬土，以亥水為財，水墓在辰，此是財墓。

又問：何謂得之？

答曰：得之者，世爻上逢之也。世為我身也。凡墓爻，故主自身合災也。暴病未可者，墓滯也，故未可。久病必死者，病久氣衰，而又入墓，豈得不死？

又問：何不言財墓？

答曰：財墓吉兆，故以財言之。若占婦人，逢此須大忌。

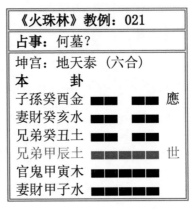

又問：鬼爻旺相伏世下。何也？

答曰：世為我身，鬼伏世下，是病隨我，所以忌之。

看鬼伏何爻下，於金木水火土分辨之。

伏父母，憂心得，或動土得，或往修造處得。鬼伏兄弟動，失饑傷飽得，或因口舌氣上得。鬼伏子孫動，因牽惹得，或欲事太過得。鬼伏財，飲食得，或買物件得。官鬼出現，驚恐怪異，或寺觀廟宇中得。

土㊂下伏土，瘡腫。火下火，手足。金見金，悶亂。木下木，寒熱。水下水，冷疾。金下火，喘滿。

陽宮財動主吐，陰宮財動主瀉。

鬼爻現外，金鬼爻伏裏，主心腹病。鬼在內動下受病，鬼在外動上受病。用爻同。

土動主瀉，木動發寒，金動四肢或滿悶，火動發熱。木主足，金主頭，土主胸腹，火主手目，水主耳腎。飛伏俱旺相，飛為起因，以伏為受病。

又：世為動爻，在內下受病。應為動爻，在外上受病。間爻動，主胸膈病症。

《易鏡》云：「且如長男受病，宜純《震》之不搖。小女染病，則《兑》卦之不動。大忌申酉持世，木爻獨發者。申為喪車，酉為喪服，木為棺椁耳」。

校勘記

㈠「財墓」，原文脱漏，據後文内容補入。

㈡「土」，原本作「十」，疑誤，據其文意改作。

四十二、病忌官鬼

以財為祿，以鬼為祟。
鬼爻旺相，獨發大忌。

凡占婦人病，喜子孫旺相，持世安靜。忌財伏鬼下，兄弟持世，兄弟獨發。世剋應，內剋外，主吐。應剋世，外剋內，主瀉。

或問：婦人病占，喜子孫旺相，世安何也？

答曰：此即用財，以子孫輔之義。忌財伏鬼，兄弟持世，即用財伏兄之義。

又問：內剋外，何故主吐？

答曰：內為腹，外為口也。外剋內，主瀉。

虎易按：「世剋應，內剋外，主吐」，外為口，所以主吐。「應剋世，外剋內，主瀉」，內為肛腸，所以主瀉。

四十三、病忌父兄

主爻伏鬼，或伏兄弟。
或伏父母，旺相大忌。

亂動之卦，只取主爻。大抵休囚，伏兄弟、父母、官鬼之下，剋世者死。蓋兄無食，父母無藥，官鬼真病。凡得八純、游魂卦，歸魂卦㈠，病者決主沉重，占小兒主死。

或問：主爻伏鬼、伏兄、伏父之下？

答曰：此即財伏兄，子㈡伏父母，兄伏官㈢之義。舉一隅，則三隅反矣。

又問：八純、游魂、歸魂卦，占病沉重，占小兒主死。何也？

答曰：此三卦，世持父母，官鬼，兄弟，或子孫伏父母下，占大人病重，占小兒病死。

虎易按：「大抵休囚，伏兄弟、父母、官鬼之下，剋世者死」，指用爻休囚，用財爻伏於兄弟爻之下，用子孫爻伏於父母爻之下，用兄弟爻伏於官鬼爻之下，都是飛神剋伏神，「飛來剋伏反傷身」。「剋世者」，按「剋我者為官鬼」的配六親規則，剋世爻者，就是世爻之鬼。

「蓋兄無食，父母無藥」，六爻卦中，妻財爻表示飲食，如果兄弟動則剋妻財，所以說「兄無食」。子孫爻表示醫藥，如果父母爻動則剋子孫，所以說「父母無藥」。

校勘記

㊀「歸魂卦」，原文脱漏，據後文内容補入。

㊁「子」，原本作「財」，疑誤，據其文意改作。

㊂「兄伏官」，原本作「官伏兄」，疑誤，據其文意改作。

四十四、占醫藥

以應為醫，以子為藥。
鬼爻旺相，大忌獨發。

夫卦之疾病，以用為主，以鬼為病。
金鬼：肺腑疾，喘嗽氣急，虛怯瘦瘠，或瘡癤，血光，或筋骨病。
木鬼：四肢不遂，肝胆主病，右瘓左癱，口眼歪斜。
水鬼：沉寒痼冷，腰痛腎氣，淋瀝遺精，白濁吐瀉。
火鬼：頭痛發熱，心胸焦渴。加朱雀，狂言譫語①，陽症，傷寒，嗝逆。
土鬼：脾胃發脹，黃腫虛浮，瘟疫時氣。
凡占病，必察用爻。占父母，必要父母有氣，縱遇凶卦，但主沉重，不致喪亡。若用爻空亡，及不上卦，更逢凶殺，決主不起。用爻無氣，若得旁爻動來生扶，此同生旺，決無咎也。若凶殺臨父母，或父母空，便可言雙親有病。諸爻皆然。鬼爻持世，沉重，絕日輕可。鬼化鬼，其病進退。或有變病，或舊病再發，或症候駁雜，一卦二鬼亦然。鬼爻持世，病難除根。鬼帶殺持世，為瘵病②，難脱體，乃養老病矣。

青龍臨用爻，或福德爻，其病雖重，終可療。青龍空亡，卦無吉解，病凶。

白虎臨父母當損，若值財上妻遭傷，子孫際遇終成否，兄弟逢之亦不昌，更並官爻臨世上，自身須忌有災殃。

金鬼不宜針，木鬼不宜草木，水鬼不宜湯飲、湯洗之類，火鬼不宜灸熨，土鬼不宜服丸藥。

金鬼可灸，木鬼宜針㊀，火鬼宜㊁服寒劑，水鬼宜服熱劑，土鬼宜服木藥。

金鬼利南方，木鬼利西方，水鬼利土值，火鬼利北方，土鬼利東方。求請醫者。

又：丑鬼不可食㊂牛肉，未子孫當食羊。

鬼爻在內，病自內生。鬼爻在外，災自外至。火鬼必在南方。金鬼必在西方，道路生災，又為主胸，金鬼則病在肺家。逢火作脓，見木生風，遇蛇虛悶。

虎易按：現代醫療技術已經十分發達，有病還是要以找醫生檢查和治療為宜。以上預測疾病，以及適合採用的醫藥及治療方法，讀者可以參考，幫助求測人分析判斷，但千萬不可自恃其術，誤導求測人。

注釋

①譫（zhān）語：病中神志不清，胡言亂語。
②瘵（zhài）病：多指癆病，即結核病。

校勘記

㊀「木鬼宜針」，原本作「木鬼藥方」，疑誤，據其文意改作。
㊁「宜」，原本作「帶」，疑誤，據其文意改作。
㊂「食」，原文脱漏，據其文意補入。

四十五、占家宅

家宅吉占，專用財福。財旺子空，當無嗣續。

卦占家宅，專用財福。上卦①如無財福，便是平常之宅。無刑冲剋制，有青龍、龍德臨宅，乃是大吉之家。

以內三爻為宅。逢《乾》強盛，遇《坎》則陷，逢《艮》則止，遇《震》則動，逢《巽》則摇，遇《離》則麗，逢《坤》則静，遇《兑》則説②。若陽長則吉，陰長則消。

以印綬③為堂屋，妻財為厨灶，子孫為廊廟，官鬼為前廳。合亦為門，冲乃為路。五為樑柱，上為棟牆。旺相為新，休囚為舊。

青龍為左，白虎為右，朱雀論前，玄武為後，螣蛇論中。

水爻有水，木爻有木，遇《艮》有山，逢《震》有路。父母為橋道墳墓，子孫為寺觀廟宇。官鬼旺，則訟庭④官族。休囚，則軍匠客墓。妻財帶吉，則富室豪門。伏官，則贅夫⑤招婿之家。逢吉生合身世則吉，逢凶刑剋身世則凶。

父母持世承祖居。父母化財，必出贅⑥。財爻空或動，難享現成。父母空，或身動，難招遺業。

虎易按：「若陽長則吉，陰長則消」。陰陽學說認為，陰陽雙方不是静止不動的，而是互相制約、互相鬥爭，處於「陰消陽長、陽消陰長」的不斷變化過程中。「冬至一陽生，夏至一陰生」，以十二辟卦而言，《復》卦一陽生，《臨》、《泰》、《大壯》、《夬》、至《乾》卦處於陽極；《姤》卦一陰生，《遁》、《否》、《觀》、《剥》至《坤》卦處於陰極。就季節變化而言，由冬至春，氣候由寒變暖，為陽生陰消的過程；由夏至秋，氣候由熱變凉，為陰生陽消的過程。我認為，所謂「陽長、陰長」之說，可能是指月卦氣而言。因為陽爻持世的卦，為子丑寅卯辰巳月卦氣，表示從冬至至夏至的陽長時期。陰爻持世的卦，為午未申酉戌亥月卦氣，表示從夏至至冬至的陰長時期。以上看法，僅供讀者參考。

注釋

①上卦：此處指妻財、子孫在本卦六爻中出現。

②遇《兑》則説：「説」字有兩義，喜悦和口舌。

③印綬：印信和系印信的絲帶。古人印信上系有絲帶，佩帶在身。此處代指父母爻。

④訟庭：即訟堂。舊時審理訴訟案件的場所。

⑤贅（zhuì）夫：就婚於女家與改為女家姓的男子稱為「贅婿」。對男家來說，出去當贅婿稱為「出贅」。對女家來說，招女婿稱為「招贅」。男子到女家當贅婿稱為「入贅」。

⑥出贅（zhuì）：男子到女家就婚，成為女家的一員。

四十六、占人口

福應生世，為我後裔①。
兄動財空，斷不可繼。

卦之人口，陽多則男多，陰多則女多。以父母為家主，以官鬼為丈夫，以妻財為婦人，以子孫為小口，以兄弟為同氣②。
財動傷尊③，父動子憂，子動官傷，官動兄弟愁苦。兄弟獨發，又為剋妻之兆。
妻在內，則住近。卦有二財，必主兄弟。子在外，則招遲。爻屬水，當主數一。
卦無父母，占人壽命弗延。爻無妻財，兄伯貧窮是準。
有子孫龍喜，而無父母者，其家有游子，白虎臨，而出僧道巫覡④。
有財而無官者，錢財必耗散。
朱雀臨，而習呼唱、賭博。
有鬼無子，多怪夢而絕嗣。有鬼無財，主疾病以多端。
父祖有官，必逢祿馬貴人。本身有藝，定是親神全木⑤。

虎易按：「卦有二財，必主兄弟」，此句不解何意，疑其文字有脫漏或錯誤，提請讀者注意分辨。

注釋

①後裔（yì）：後代子孫。

②同氣：有血統關系的親屬，指同胞兄弟姊妹。

③財動傷尊：指財爻動剋父母爻，傷剋尊長，父母爻表示尊長。

④巫覡（wū xí）：古代稱女巫為巫，男巫為覡，合稱「巫覡」。後亦泛指以裝神弄鬼替人祈禱為職業的巫師。

⑤親神全木：大約是指所占六親及所值六神都屬木。

四十七、占起造遷移

起造移屋，財静人安。
鬼發招禍，遷動俱難。

起造移屋，要子孫、財爻旺相，出現持世。
忌官鬼、父母、妻、子、兄弟獨發，凶。
父母為尊長，兄弟為六親，妻財為妻奴，子孫為兒女，官鬼為凶殃。
以上獨發論之，看剋何爻，取之。如占住屋居，第二爻動，住不久遠。若脱屋求財，利二爻動，官在第二爻動，必可脱也，不動，難得脱也。
或問：財静人安，財動便不安，何也？
答曰：蓋父母為宅，財動便剋父母，所以不安也。
又問：第二爻動，住不久遠，何也？
答曰：第二爻為宅，宜静不宜動也。

虎易按：「忌官鬼、父母、妻、子、兄弟獨發，凶」。此論述，是不完整的。六親獨發，既可為吉，也可為凶，是需要根據具體的卦，作具體分析的。讀者可根據其卦理去推演，不可執泥於此說。

附：陽宅

鬼墓方為聖堂，子墓方為牲畜，財墓方為倉庫，絕為廁，兄墓得直方。水生旺處為井。應為屋，鬼為廳，福為廊，財為房屋橱櫃，兄為門。身持兄，得五事俱全，不可空。無空沖剋，上等屋也。內有一爻被沖剋，主有損壞，得空為妙。

如父㊀在初爻，一层屋。二三爻闊遠，四五爻樓闊遠。上爻者深遠，重疊屋也。如他爻變出父㊁，屋分兩處，父空二地。父㊂變鬼，或伏鬼下，非公吏舍，必是官房，不然有病人。有此象當招口舌，或招官司。父在上未住，在下現住。凡卦身或空未住，身並現住。身值鬼，屋下有伏屍。

將屋脱錢，要財旺身衰。喜父空，要沖剋，財合身為妙。不喜化出財爻，剋害為凶。

內卦二爻為宅，看動。金動公事至，木動風水惡，土動生瘟氣，水動傍河不吉，火動於鬧路中、口舌，静吉。

外卦六爻，看動。兄動夫婦不圓，父動上人多憂，陰小六畜子動，爻旺喜事重重。官動災禍難言，財動難為大人，女人不正。

虎易按：「絕為廁」，大約是指財爻的絕地為廁。「兄墓得直方」，大約是指兄弟爻之墓為廁。其後文「占法卦數占灶」曰：「碓、廁以兄弟爻論」。疑此處文字有誤。《易林補遺》曰：「兄弟、、、、、、如值水爻，或帶玄武，便為坑廁」。《易隱•家宅占•坑廁》曰：「以四爻、玄武、水、兄為用也」。從以上論述看，應該以兄弟爻為廁為宜，讀者可參考應用。

校勘記

㈡「父」，原本作「爻」，疑誤，據其文意改作。

㈢「父」，原本作「地」，疑誤，據其文意改作。

四十八、占耕種

父衰財旺，收成有望。爻值福鄉，花利千倉。

卦之耕種，專要財福上卦。最忌鬼值五位，收成不利。世剋應，倉廩①實。外剋内，倉廩虛。

又：初爻為田，鬼剋田瘦薄，難植作。二爻為種，鬼剋主再種。三爻為生長，鬼剋主不茂。四爻為秀實，鬼旺多草費功夫。五爻為收成，鬼剋主不利，以上惟土鬼剋不妨。六爻為農夫，鬼剋主有疾病。

火珠林爻位	
六爻	農夫
五爻	收成
四爻	秀實
三爻	生長
二爻	種
初爻	田

金鬼旱蝗，火鬼大旱，水鬼水災，木鬼耗損。一卦兩鬼，兩家合種。年豐，必須官鬼空亡。

大抵財爻宜旺，不宜落空，則吉。金財旺相，早禾倍收。土財旺相，晚禾豐稔。金土二爻雖不臨財，但遇吉神，亦準可論吉。

注釋

①倉廩（lǐn）：貯藏米穀的倉庫。

四十九、占蠶桑

財旺福興，占蠶大吉。
爻鬼交重，不賽終失。

卦占蠶事，先看定值。鬼爻持世不吉，有財有子為佳。印①鬼動當還賽②，兄動則有損。子孫木火大吉，亥子濕死，金土白僵，土乃半收。安靜則吉，發動不利。

虎易按：「爻鬼交重，不賽終失」，指卦中官鬼爻不論是臨陰爻還是臨陽爻動，如果不行祭禮以酬神，則終究會損失。「印鬼動當還賽」，指父母爻或者官鬼爻動，應該祭祀還願。

「卦占蠶事，先看定值」，指先看財爻和子孫爻的狀態，也指表示養蠶各個階段的爻位。

《新鍥纂集諸家全書大成斷易天機•占田禾•天玄賦》曰：「若占蠶桑，以初爻為種，二為苗，三為人，四為桑，五為箔③，六為繭。以上六爻旺相者吉，庫墓中當絕位皆凶兆。若逢大殺，必無吉兆」。

天玄賦爻位	
六爻	繭
五爻	箔
四爻	桑
三爻	人
二爻	苗
初爻	種

注釋

①印：印綬的簡稱，此處代指父母爻。

②還賽：祭祀還願。

③箔：養蠶的器具，多用竹制成，像篩子或席子。亦稱「蠶簾」。

五十、占畜養

旺財相福，牲畜有益。
虎動鬼興，必防損失。

卦之畜養，須論定體。端要財福上卦，如無不利。鬼持初爻，雞鴨不吉。官坐五爻，牛馬難安。參合六神論斷。

諸爻最忌兄弟、官鬼。如鬼值上爻，或曰五爻為主，金鬼牛極瘦，木鬼脚疼或腹風，水鬼散，火鬼觸熱，土鬼發痒瘟黄。

逢所屬本㊀命爻，臨財福無傷，則吉。且如兄鬼臨三爻，本為不佳。却有亥爻本命，臨財福吉，亦不為害。餘仿此推。

虎易按：「且如兄鬼臨三爻，本為不佳。却有亥爻本命，臨財福吉，亦不為害」。指按「鬼谷辨爻法」，三爻為猪之位，但其六親却為兄鬼，本來不佳。由於卦中有表示猪的「亥爻本命」臨妻財或者子孫爻，則不為害，可以論吉。

地支與六畜的對應關係，子鼠、丑牛、寅虎（猫）、卯兔、辰龍、巳蛇、午馬、未羊、申猴、酉雞、戌犬、亥猪。

《卜筮全書●天玄賦●六畜章》曰：「一云：初雞鴨，二猫犬，三猪，四羊，五牛，六馬及驢騾。以上乃分宮也」。

鬼谷辨爻法	
六爻	馬
五爻	牛
四爻	羊
三爻	猪
二爻	犬猫
初爻	雞鴨

校勘記

㊀「本」，原本作「木」，疑誤，據其文意改作。

五十一、占漁獵

福興財旺，前程可望。
財鬼虛臨，山枯海曠。

卦之漁獵，以世為主，以財為物。財子俱見，旺相大吉。財值四爻，兔豕堪遇。鬼臨六爻，虎豹須防。

《震》棒、《巽》弓、《離》網、《艮》犬，剋財者宜用之。若財爻值，斷如《巽》雞、《艮》豹、《震》兔、《坎》狐、野豕、《兑》羊、《乾》虎、《離》雉、《坤》羊之類。

內剋外，內旺相，世剋應，得青龍臨財爻動，不空亡，物可得。惡殺臨財，旺相，發動剋世，主有獸傷，凶。

虎易按：「財值四爻，兔豕堪遇。鬼臨六爻，虎豹須防」，是按「鬼谷辨爻法」的爻位來確定動物種類的。

「《震》棒、《巽》弓、《離》網、《艮》犬」，是指使用的漁獵工具。

「《巽》雞、《艮》豹、《震》兔、《坎》狐、野豕、《兑》羊、《乾》虎、《離》雉、《坤》羊之類」，是以八卦類象表示的動物種類。

讀者可參考下列「鬼谷辨爻法」表。

鬼谷辨爻法	
六爻	虎豹
五爻	豺狼
四爻	兔豕
三爻	魚蝦
二爻	黿鱉
初爻	漁獵

五十二、占墳墓

安墳立陵，福旺家興。
鬼旺宜火，葬防後人。

以鬼為屍要無氣，父母為墳皆宜靜。
以財為祿，以子為祀，要旺相，出現持世。
世為風水，應為棺椁，皆宜靜。
或問：旺相宜火之說？
答曰：鬼旺只是不利，故宜火化，不宜葬也。
陰宅先論墓地，次論卦身，要有財福，世應有氣，相生為妙。
未葬時，外亡內塚相剋吉，不要官鬼旺。已葬後，內亡外塚相生，鬼旺亡人安。鬼為亡身，為冢。
若定塚穴高低，如卦身在初二爻，葬在低處。在三四爻，葬在平處。在五六爻，葬在高處。
若地位、方向，以卦宮長生定之。如《坎》宮，地在北方，《坎》水長生居申，其穴宜在申上。餘仿此。

占葬年。如身在卯，酉年占。卯數至酉成七，不七年，或卯酉二七十四年。或用月數。

如變爻沖卯爻，必地既狹窄，無氣同。

虎易按：占陰宅墳墓，以鬼為屍體，父母為墳地，財為財祿，子孫為祭祀人，世爻為風水，應爻為棺槨。以卦身定葬處高低，以卦宮定葬地方位，以卦宮長生之方定葬穴。「要有財福，世應有氣，相生為妙」。

各類親屬關係墳墓爻位，可參考「鬼谷辨爻法」表。

鬼谷辨爻法	
六爻	祖墓
五爻	父墓
四爻	妻墓
三爻	兄弟墓
二爻	母墓
初爻	子墓

五十三、占朝國

世應相得，君臣用心。
六位無剋，萬國咸寧。

世為帝王，應為功臣，本宮為都。內外比和，旺相，天生聖主。剛柔動靜有常，地出奇材。最宜吉神，切忌大殺。

金為兵戈忌動，土為城壘宜安。水為泛濫，火為炎晴，木爻風惡，吉神為瑞。《震》《離》《坎》《兑》為四方，《艮》《坤》二卦為中土。

五爻為至尊，加吉神太歲，仁慈之主也。帶殺白虎，暴虐之君也。與吉神生合，必親賢任能，遠佞①去奸。

初爻安靜，吉神持世，或生世，萬民悦服。

本象②二爻為侍臣，帶吉神，左右必得賢人。加凶殺者，多奸邪便佞。

四爻會吉神，剋世生世，必上忠君，下安黎庶。

子孫為儲君③郡主④，宜旺相不空。若大殺動刑冲剋，恐有廢立之患。子孫在初爻，動剋三爻或世者，士庶民有上書，直言利害。在二爻動，必有才德舌辨之臣，入朝上封事⑤。在三爻動，有賢能諸侯謁門直諫。在四爻動，左右近臣，必盡忠死諍也。

虎易按：占朝廷、國家之事，即使在封建社會，家國政治統治，帝王所關心，也非一般預測師所可為。讀者可以了解這些方法，但千萬不可借此妄為，非議政治，蠱惑人心，欺世盜名，慎之慎之。附「鬼谷辨爻法」表，供讀者參考。

鬼谷辨爻法	
六爻	太廟
五爻	天子
四爻	公侯
三爻	大夫
二爻	士子
初爻	庶民

注釋

①佞(nìng)：巧言諂媚的人

②本象：指本卦。

③儲君：已確定為繼承皇位的人。

④郡主：郡公主。晉始置。唐制太子之女為郡主。宋沿唐制，而宗室女亦得封郡主。明清則親王女為郡主。

⑤上封事：古代臣下上書言事時，將奏章用皂囊緘封呈進，以防洩漏，謂之「上封事」。

五十四、占征戰

出兵交戰，鬼賊財糧。
鬼旺彼勝，子旺我强。

以鬼為彼賊，以子為我軍。子孫旺相，必獲全勝。出現宜先，伏藏宜後。內凡鬼爻旺相，或是獨發，或持世身，大敗之兆。若六爻安靜，世旺剋應，必勝。

父母為㊀城池、濠寨、旌旗。子孫為兵將、軍馬。兄弟為轅門、驚恐、伏兵。官鬼為敵兵、刀劍。

世應空亡，主和。世空我軍弱，應空彼兵退。世爻被鬼冲剋，我軍不利。兄弟獨發，凶。鬼去爻中，兄弟化出官鬼，來合世爻身，主有奸人在軍中，世下伏鬼亦然。

凡變爻冲剋子孫，主損名將。冲剋財爻，並財持世落空，主糧受困。刑剋父母，主戰船城寨有失，指揮號令大不宜。冲剋官爻，彼賊必敗。

凡卦中動火，刑父母，剋父母，必然火燒宮室。火冲剋財，主火焚糧草。

又：財為倉庫，如近子，近我軍。近父近濠寨，近鬼近賊所。

又：父母，寨位方。如《坤》宮，西南方也。

虎易按：和平時期無征戰之事，但世界也不可能永遠和平，總是會發生一些局部的戰爭，因此，運用此方法預測，也是可以趨吉避凶的。讀者可以參考《卜筮全書》等著作，學習一些分析和判斷方法。

校勘記

㈠「為」字，原文脱漏，為協調文意補入。

五十五、占天時

若問天時，須詳內外。
互換干合，方明定體。

仰觀天象者，干。俯察地理者，支。先看內卦有合無合，次看外卦定體。甲己化土陰雲，丁壬化木生風，乙庚化金作雨，丙辛化水必雨，戊癸化火主晴。內外無合，次明定體。定體者，看外卦，取獨發論變。《乾》日月星，《坤》沙石霧，《震》雷霆電，《巽》風，《離》晴，《坎》雨，《艮》陰，《兑》甘澤。

或問：互換干合，如何互換？

答曰：甲日占得《離》卦：

《火珠林》教例：022

時間：甲日

占事：占天時？

	離宮：離為火（六冲）		
六神	**本　　卦**		
玄武	兄弟己巳火	▅▅▅▅▅	世
白虎	子孫己未土	▅▅　▅▅	
騰蛇	妻財己酉金	▅▅▅▅▅	
勾陳	官鬼己亥水	▅▅▅▅▅	應
朱雀	子孫己丑土	▅▅　▅▅	
青龍	父母己卯木	▅▅▅▅▅	

甲己合①，則主陰雲也。

壬日占得《兑》卦：

《火珠林》教例：023			
時間：壬日			
占事：占天時？			
	兑宮：兑為澤（六冲）		
六神	**本　卦**		
白虎	父母丁未土	▅▅　▅▅	世
騰蛇	兄弟丁酉金	▅▅▅▅▅	
勾陳	子孫丁亥水	▅▅▅▅▅	
朱雀	父母丁丑土	▅▅　▅▅	應
青龍	妻財丁卯木	▅▅▅▅▅	
玄武	官鬼丁巳火	▅▅▅▅▅	

丁壬作合木②，未世主生風，此化氣也。

若內外卦不與日干合，看外卦，以十干求之，以日干落在何宮。

假如己未日，占得《大有》卦：

《火珠林》教例：024			
時間：己未日			
占事：占天時？			
	乾宮：火天大有（歸魂）		
六神	**本　卦**		
勾陳	官鬼己巳火	▅▅▅	應
朱雀	父母己未土	▅ ▅	
青龍	兄弟己酉金	▅▅▅	
玄武	父母甲辰土	▅▅▅	世
白虎	妻財甲寅木	▅▅▅	
騰蛇	子孫甲子水	▅▅▅	

日干落在《離》宮，主晴。

己日占得《既濟》：

《火珠林》教例：025			
時間： 己日			
占事： 占天時？			
	坎宮：水火既濟		
六神	**本　　卦**		
勾陳	兄弟戊子水	▅▅　▅▅	應
朱雀	官鬼戊戌土	▅▅▅▅▅	
青龍	父母戊申金	▅▅　▅▅	
玄武	兄弟己亥水	▅▅▅▅▅	世
白虎	官鬼己丑土	▅▅　▅▅	
騰蛇	子孫己卯木	▅▅▅▅▅	

則日干無所落，便可斷陰雲矣。

虎易按：「互換干合，方明定體」。指先看天干合化去分析，在「內外無合」的情況下，就採用「次明定體」的方法去分析。「假如己未日，占得《大有》卦，日干落在《離》宮，主晴」，此例似乎選用不當，按其「若內外卦不與日干合，看外卦」的原則，此例己日與內卦天干甲合，甲己化土，應主陰雲也。

注釋

①甲己合：指《離》卦納天干為己，與日干甲相合。

②丁壬作合木：指《兑》卦納天干為丁，與日干壬相合。

五十六、天道晴雨

每日之事，十干要精。
壬癸動雨，丙丁管晴。

庚辛雨後晴，或次日便晴。壬癸連雨難晴，有風方止。甲乙作雨不妨，丙丁日月晴明，戊己陰雲不定。辰丑動雨，未戌動晴。內動速，主晝。外動遲，主夜。

或問：十干動，陰晴如何看？

答曰：如《水火既濟》：

《火珠林》教例：026			
占事：占陰晴？			
	坎宮：水火既濟		
伏神	本卦		
	兄弟戊子水	▅▅　▅▅	應
	官鬼戊戌土	▅▅▅▅▅	
	父母戊申金	▅▅　▅▅	
妻財戊午火	兄弟己亥水	▅▅▅▅▅	世
	官鬼己丑土	▅▅　▅▅	
	子孫己卯木	▅▅▅▅▅	

己亥持世，便斷陰晴不定。財為晴，午火財却伏在己亥水下，水旺則主雨。火旺或支辰透出午，則便斷晴。但要機變，取時言之。配以六親，百發百中，若不精熟，則不能通應矣。

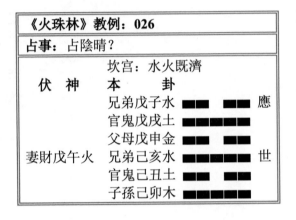

又問：如何取時日？

答曰：假如乙日占《震》卦：

《火珠林》教例：027		
時間：乙日		
占事：占陰晴？		
震宮：震為雷（六冲）		
本　　卦		
妻財庚戌土	▅▅　▅▅	世
官鬼庚申金	▅▅　▅▅	
子孫庚午火	▅▅▅▅▅	
妻財庚辰土	▅▅　▅▅	應
兄弟庚寅木	▅▅　▅▅	
父母庚子水	▅▅▅▅▅	

則遇辰巳時方晴，乙庚化金作雨，却緣戌土財持世。又庚辛雨後晴，緣辰巳時天干見庚辛①，此兩個時，不能雨止。過辰巳時，主午時方晴。

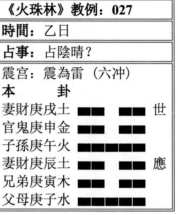

如丙日占《震》卦：

《火珠林》教例：028		
時間：丙日		
占事：占陰晴？		
震宮：震為雷（六冲）		
本　　卦		
妻財庚戌土	▅▅　▅▅	世
官鬼庚申金	▅▅　▅▅	
子孫庚午火	▅▅▅▅▅	
妻財庚辰土	▅▅　▅▅	應
兄弟庚寅木	▅▅　▅▅	
父母庚子水	▅▅▅▅▅	

雖庚戌持世，不能作雨。緣日干丙字剋去庚，不能生水也。

又問：辰丑動雨，未戌動晴？

答曰：辰是水庫，丑中有癸，故此二字動，值戊己不為陰雲，而必陰雨。未戌動晴者，未中有丁，戌是火庫，故此二字動，值戊己不為陰雲，而化晴矣。

又問：內動主晝，外動主夜？

答曰：內為陽，外為陰，晝夜之道也。

又問：未戌動晴，而癸日占得《坎》宮《地水師》：

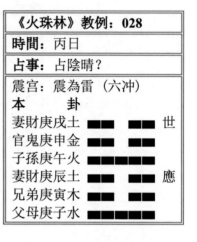

答曰：未戌動晴，以其中有丁火也。今戊戌化癸亥②，癸字剋了丁火，日令又逢是癸，並去傷丁，豈得不雨？

又問：癸亥日占得《坎》之《蒙》：

《火珠林》教例：029			
時間：癸日			
占事：占陰晴？			
	坎宮：地水師（歸魂）		
伏　神	**本　　　卦**		
	父母癸酉金	⚋	應
官鬼戊戌土	兄弟癸亥水	⚋	
	官鬼癸丑土	⚋	
	妻財戊午火	⚋	世
	官鬼戊辰土	⚊	
	子孫戊寅木	⚋	

《火珠林》教例：030							
時間：癸亥日（旬空：子丑）							
占事：占陰晴？							
	坎宮：坎為水 (六冲)				離宮：山水蒙		
六神	**本　卦**				**變　卦**		
白虎	兄弟戊子水	▅▅　▅▅	世	╳→	子孫丙寅木	▅▅▅▅▅	
螣蛇	官鬼戊戌土	▅▅▅▅▅		○→	兄弟丙子水	▅▅　▅▅	
勾陳	父母戊申金	▅▅　▅▅			官鬼丙戌土	▅▅　▅▅	世
朱雀	妻財戊午火	▅▅　▅▅	應		妻財戊午火	▅▅　▅▅	
青龍	官鬼戊辰土	▅▅▅▅▅			官鬼戊辰土	▅▅▅▅▅	
玄武	子孫戊寅木	▅▅　▅▅			子孫戊寅木	▅▅　▅▅	應

亦是癸日，如何却晴？

答曰：未戌動晴，以其有火也。今戌戌化丙子，是戌之火已透出來，日辰癸亥與初爻㈠戊寅合住，不能傷丙，所以晴也。

又問：壬癸動雨，要言尅日，定時取驗，何如？

答曰：如六月甲辰日占雨，得《乾》之《大壯》：

《火珠林》教例：031

時間：未月甲辰日（旬空：寅卯）

占事：占雨？

乾宮：乾為天（六冲）				坤宮：雷天大壯（六冲）		
本　　卦				**變　　卦**		
父母壬戌土	▅▅▅▅▅	世	○→	父母庚戌土	▅▅　▅▅	
兄弟壬申金	▅▅▅▅▅		○→	兄弟庚申金	▅▅　▅▅	
官鬼壬午火	▅▅▅▅▅			官鬼庚午火	▅▅▅▅▅	世
父母甲辰土	▅▅▅▅▅	應		父母甲辰土	▅▅▅▅▅	
妻財甲寅木	▅▅▅▅▅			妻財甲寅木	▅▅▅▅▅	
子孫甲子水	▅▅▅▅▅			子孫甲子水	▅▅▅▅▅	應

當日申時，雷雨驟至。此壬癸剋日定時。何以知之？《乾》為天，《震》為雷③。外卦《震》，內卦《乾》④，豈得無雷？第五爻壬申親爻動，日值甲辰，夜半生甲子，晡時壬申⑤，透出本宮動爻，故應在申時也。

又問：丙申日占得《乾》卦，

《火珠林》教例：032		
時間：丙申日（旬空：辰巳）		
占事：占陰晴？		
乾宮：乾為天（六沖）		
本　卦		
父母壬戌土	▅▅▅▅▅	世
兄弟壬申金	▅▅▅▅▅	
官鬼壬午火	▅▅▅▅▅	
父母甲辰土	▅▅▅▅▅	應
妻財甲寅木	▅▅▅▅▅	
子孫甲子水	▅▅▅▅▅	

壬戌持世，如何壬癸不得雨？

答曰：戌中有火，透出丙字，如何得雨？

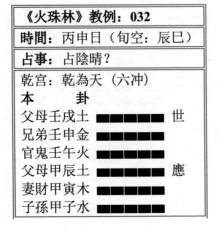

又問：丁酉日占陰晴？得《坤》卦：

《火珠林》教例：033		
時間：丁酉日（旬空：辰巳）		
占事：占陰晴？		
坤宮：坤為地（六冲）		
本　卦		
子孫癸酉金	▅▅　▅▅	世
妻財癸亥水	▅▅　▅▅	
兄弟癸丑土	▅▅　▅▅	
官鬼乙卯木	▅▅　▅▅	應
父母乙巳火	▅▅　▅▅	
兄弟乙未土	▅▅　▅▅	

此癸酉持世，如何亦不得雨？

答曰：本主雨，却緣日辰丁酉，貴人在酉。故丁日見世爻癸酉㈢，世在酉是敗財⑥之內，癸水退讓於丁火，豈得不晴？

鬼動雨，變出子孫晴。應落空，晴不久。應剋世財晴，父母生世雨。又動剋子，亦有雨。

財為晴，父為雨，兄為風。子為雲霧，在冬為雪。官鬼為雷，冬春為雪，夏為熱。專看本象，要旺持世，本宮。

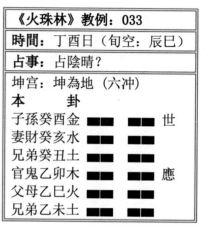

問曰：要知何日雨？

答曰：父母長生日，帝旺，或值日，便有雨。

又問：何日雨止？

答曰：絕日，空，便止。餘仿此。

又問：要知何日風？

答曰：假如兄屬寅，為東北風。亦要看當時日辰天干為緊。外卦有動，看變出者。若是水爻，出現便有雨。

虎易按：「假如乙日占《震》卦：則遇辰巳時方晴，乙庚化金作雨，却緣戌土財持世。又庚辛雨後晴，緣辰巳時天干見庚辛，此兩個時，不能雨止」。此段分析，是互相矛盾的。前面說「遇辰巳時方晴」，後面又說「緣辰巳時天干見庚辛，此兩個時，不能雨止」。提請讀者注意分辨。

上節論干合，本節論天干生尅，又以六親所主而論，各種論述混雜，讀者要注意把握其要點。

《黃金策•天時章》指出：「天時一占，自《卜筮元龜》而下，皆以水火為晴雨之主，而不究六親制化，蓋執一不通之論也。惟《海底眼》有『天象陰晴父母推』之說，深為得旨，然又引而不發。所以學者多泥古法，而不求其理，良可歎也」。讀者可參閱《海底眼·占陰晴》及《黃金策·天時章》等著作。

注釋

①辰巳時天干見庚辛：指乙日的辰巳時，為庚辰、辛巳時。

②戊戌化癸亥：「戊戌」指《坎》卦五爻戊戌，為伏神，「化癸亥」指《師》卦五爻癸亥，為飛神。

③《乾》為天，《震》為雷：指外卦《乾》變《震》。

④外卦《震》，內卦《乾》：指變卦的外卦為《震》，內卦為《乾》。

⑤晡（bū）時壬申：晡時指申時，即下午三時至五時。天干為甲的日，子時從甲子起，至申時即為壬申。

⑥敗財：指酉為癸水的沐浴之地，沐浴也稱為敗地，本卦水為財，所以稱為敗財。

校勘記

㊀「初爻」，原本作「上」，疑誤，據其爻位改作。

㊁「癸酉」，原本作「五癸」，疑誤，據其卦理及文意改作。

五十七、占射覆①

覆射萬物，表裏各異。
以財為體，以鬼為類。

財為表，鬼為裏。財鬼出現，表裏皆有。有表無裏，外實內虛。有裏無表，外虛內實。財鬼俱藏，輕虛之物。

或問：表裏各異。何也？

答曰：以財為表，以鬼為裏。有表裏皆有者，有有裏無表者，此所謂異也。

又問：方圓、長短、新舊，如何定之？

答曰：陽卦主圓，陰卦主方。應旺主新，應衰主舊。世應被剋空虛，世應相合圓物。世應比合長物，世應相生方物。相刑剋尖物，相剋冲損物。

鬼值八卦

官鬼在《兑》《乾》：金、玉。在《震》《巽》：竹、木。在《坤》《艮》：土、石。在《坎》：魚、綿、水貨。在《離》：絲線綃②。在《坤》《離》：又為文書、布帛、專數之物。

五十八、覆射物色

以官為物，為色為形。

若居四土，可分輕重。

以官為色，出現正色，伏藏旁色。伏財能食，伏子能用，伏父能蓋載，伏兄不中。更以金木水火土分之，動亦可取。

或問：以官為色，出現正色，伏藏旁色，如何？

答曰：即官鬼出現是男，伏藏是女，反對取之。官鬼為正物，隨五行取之。應為表，為皮毛。世為裏，為形狀。陽為天主圓，陰為地主方。應在外主長，應在内主短。應旺相主新，應休囚主舊。

子孫為色，財旺能食。表受刑剋，月破、落空，則無。裏受刑剋，則無。及表裏受刑剋，月破日破，不圓。方受刑剋，月破日破，不方。

子孫動物有足，兄動有皮，財動物可食，父動物有生氣，官動不中。

五鄉一鄉不入，亦可取物色。

合則圓，扶則長，生則方，剋則損，刑則失。

以內卦為地，外卦為天。

青龍論左，白虎論右，朱雀觀前，玄武看後，勾陳世爻管中。

覆射者，須定服色事理。

如金爻動在《乾》者，內赤外白而方圓，見火則軟，逢水則堅，有緣則聚實，散則象錢，若非金銀，必是銅錢。

若《乾》象在外，或世身俱值《乾》，必具金銀首飾釵釧，旺相金銀，休囚銅鐵。團圓之象，外實內虛，福空物必空，虛福不空，其物堅實，或內明等物，又能鑒容③。

若金爻動，在《兑》宮，剛柔曲折，鉛金而澤柔也。內光彩而見火，外圓而象口，旺為金銀刀鐵，衰為雉羊④。通之器物，應是接續缺口之物也。

木爻動在《震》宮，內白者鬼象，外青朱純圓，能裝㊀能盛，如蠶作繭，如獸作聲，隨時變易，復死而生，其色蒼蒼。然青變赤隨時變，上不侵天，下不着地，如非果實，即是魚筌⑤，魚筌為竹之器也。

若《震》象在外，或身世值《震》，即為鞍轡⑥靴鞋，竹木之物也。

若木爻動，在《巽》宮，聲如琴韵，香氣氤氲⑦，謂乘風遠聽，馨香象也。形體如彩影，似蜻蜓羽翼之象，在上為飛，在下繩索。若《巽》象在外，或身世在《巽》，或為顏色，絮麻綿線，文書繩索之物也。

水爻動在《坎》宮，旺相乘風，漂流轉蓬，外黃而黑，水入㊁為《坎》，隱土黑暗，藏而不識，乃為驢、熊羆⑧也。若《坎》象在外，或身世值《坎》，麻豆魚鹽，水中所生之物。

火爻動在《離》宮，先白後赤，水土圓藏，蓋火先見白，嗣後見赤焰也。《離》為雉，尾而赤色。內柔外剛，雕鏤五色，中應之器也。若《離》象在外，或身世值《離》，或顏色，絮麻繩索，錦緞布帛之物也。

土爻動在《坤》宮，《坤》本外黃內蒼，土實，內圓外方，形如瓦礫，復能軟，若非玉器，必是一囊。旺相則堅，休囚則軟，非古器土具之物，即袋也。除此之類，為馬牛。若《坤》象在外，或身世值《坤》，為五穀、布帛、衣被、瓦甕之物。

若土爻動在《艮》宮，青山之形，內虛外實。遇合旺相則實，無氣則虛。物形團圓不動，形如覆蓋，春秋不改，冬夏常存，若飛白⑨，春則龜文⑩也。若《艮》象在外，或身世在《艮》，是衣被、絮帛、土器之物也。

此乃究五行動爻身世之法，定剋應未來之理，可研究而推究，不可謬意取用。

六爻安靜，先看世應，有無生合刑沖剋害。

又要觀發動之爻，次究伏爻在何位下，後審卦身有無吉凶，然後定休咎。法曰：「彼來生合我者，順也。我去生合彼者，逆也。此為吉凶之源，是故，生生之謂易，通變之謂事也」。

以財為皮，以鬼為正色。若有財有鬼，表裏俱備。若空伏，則輕虛之象。有鬼無財則有裏，有財無鬼則有表也。旺相重大，休囚輕小，須以同類，八卦詳之。若生旺則生氣之物，休囚則無氣之物也，同類推之。

虎易按：射覆也稱為覆射。古時的一種猜物游戲，亦往往用以占卜。通常是置物於覆器之下，讓人猜測。《漢書•東方朔傳》曰：「上嘗使諸數家射覆，置守宮盂下，射之，皆不能中。朔自贊曰：『臣嘗受易，請射之』。乃別蓍布卦而對曰：『臣以為龍又無角，謂之為蛇又有足，跂跂脈脈善緣壁，是非守宮即蜥蜴。』上曰：『善。』賜帛十匹。復使射他物，連中，輒賜帛」。顏師古注：「數家，術數之家也。於覆器之下而置諸物，令闇射之，故云射覆」。宋•儲泳《祛疑說•覆射》曰：「覆射之法甚多，如覆命認錢之類，無非暗號，如左右多少之類，出於筭法，此不足道」。

射覆之占，古人會友，閒時戲之，練習演象，也有一番趣味。有興趣的讀者，不妨一試，體味箇中情趣。

注釋

①射覆：也稱為「覆射」。古時一種游戲。通常是置物於覆器之下，讓人猜測。亦往往用以占卜。

②綃（xiāo）：生絲或以生絲織成的薄綢子。

③鑒容：指對着鏡子照看容貌。鑒謂之鏡。——《廣雅》。

④衰為雉羊：《周易・說卦傳》曰：「離為雉，……兑為羊」。此處「雉」字似乎有誤。

⑤魚筌（quán）：即魚笱（gǒu）。一種漁具，編竹成簍，口有向內翻的竹片，魚入簍即不易出。

⑥鞍轡（ān pèi）：鞍子和駕馭牲口的嚼子、韁繩。

⑦香氣氤氳（yīn yūn）：香氣彌漫。

⑧熊羆（xióng pí）：熊和羆。皆為猛獸。

⑨飛白：一種特殊的書法。相傳東漢靈帝時修飾鴻都門，匠人用刷白粉的帚寫字，蔡邕見後，歸作「飛白書」。這種書法，筆畫中絲絲露白，像枯筆所寫。

⑩龜文：泛指古文字。

校勘記

㈠「裝」，原本作「壯」，疑誤，據其文意改作。
㈡「入」，原本作「八」，疑誤，據其文意改作。

五十九、占來情

思慮未起，鬼神莫知。
不由乎我，更由乎誰？

夫易本無八卦，只有《乾》《坤》。本無《乾》《坤》，只有太易。太易者，在天為日月，在地為水火，在人為耳目。煉其耳而耳自聰，修其目而目自明。易曰：「聖人以此洗心，退藏於密」。

六十、達人事

先達人事，後敷卦爻。
人事亨通，卦爻自曉。

真喜合宅母，必問孕事。隔角剋青龍，無氣動是已死。
鬼伏臨酉冲宅長本命，主官非、牢獄、公事。
玄武臨門勾陳動，是失脱事。
世應合五爻水土動，風水事。
卦内剋鬼，冲合生財，犯刀砧、六畜事。
天財帶天火，必占失火事。
怪合見月鬼，為驚恐怪異事。
喪車臨怪動，人口死，不明事。
鬼剋冲基，為宅不安事。
鬼剋冲基，或合太歲，為起造事。
祿馬合月鬼動，占謀望事。

卦內驛馬旺剋門，問出門事。
遷移臨旺冲動，問移居事。
月鬼陰喜動，為婦人妊怪事。
世應和合，祿馬帶財，問代謀財事。
文書乘朱動，五爻重隔角，為代名告狀事。
時鬼動冲人口，問住宅不安事。
來意俱不上卦，憑變斷之。重主過去，交主未來。
大抵求財、問病、官訟、出行等事，或占得《乾》卦，屬金，主四九日見。又當合求，旺相庫墓，三六合。六合看四月，相應九日，相應的是四月，見其發動。餘皆仿此。

虎易按：「占來情」，「達人事」，這兩節都是指測來意。一般來說，來人求測，應該先問明其求測何事，明確其測意之後，就可以起卦來分析了。

我是不太認同測來意，因為這和猜謎語也沒有多大區別。當然，讀者如果有興趣，也是可以採用這個方法的，還可以參考《卜筮全書·何知章》的相關內容。

1、五行生剋訣

假如木旺能剋土，若遇休囚火便生，旺相能生禍與㊀福，休囚受制不能行。

校勘記

㊀「與」，原文脱漏，為協調文意補入。

2、五行類

金四九，木三八，水一六，火二七，土五十。

酉四、申九，寅三、卯八，子一、亥六，巳二、午七，辰戌五，丑未十。

六十一、占姓字

以日配用，四象誰勝。
若無象用，姓字何證。

卦之剋字，以日配用爻，兼內外互卦，正化體象，取勝為主，然後合成字象。以上闕。此必是錢字。不然，則成劉字。蓋錢有兩戈，劉有豎刀，故也。

再如甲乙日占賊姓，得純《艮》卦：

《火珠林》教例：034		
時間：甲乙日		
占事：占賊姓？		
艮宮：艮為山（六冲）		
本　卦		
官鬼丙寅木	▅▅▅▅▅	世
妻財丙子水	▅▅　▅▅	
兄弟丙戌土	▅▅　▅▅	
子孫丙申金	▅▅▅▅▅	應
父母丙午火	▅▅　▅▅	
兄弟丙辰土	▅▅　▅▅	

上㊀爻體見寅①，寅屬木。木鬼配甲乙日，亦屬木。三體相兼，為林字姓也。他仿此。
但以干配姓，以支配合，以納音配字，取象度量。盡其妙理，當慎思之。

注釋

①上爻體見寅：指上爻官鬼，是表示賊的用神本體，為丙寅木。

校勘記

㊀「上」，原本作「土」，疑誤，據其文意改作。

1、八卦類

《乾》為圓象、為點、為馬、為金、玉、為言旁、為頭。

《坎》為雨頭、為點水、為水目、為小、弓旁。為內實外虛，屈曲之象。

《艮》為橫畫、為口、手，為門人，為己田，為山水，易旁。上尖下大，上實下虛。

《震》為木象、為二七、為竹木，為立畫、偏拨。上大下尖、下虛上實。

《巽》為卄㊀頭、為揵服①、為長舉、為絞絲。上長下短，為下點。

《離》為日旁，外實內虛。為中、為戈、為日、為心、為火。

《坤》為橫畫、為土、為方、為木旁。

《兌》為金、為日、為鉤、為八字、為巫、為微細。

注釋

①揵（qián）服：指衣褲連體的服裝。揵，連接。

校勘記

㊀「卄」，原本作「廿」，疑誤，據其文意改作。

2、天干類

甲為木、為田、為日、為方圓、為有脚、為果頭。
乙為草頭、為反鉤、為弓、為曲。
丙為火、為丿、㇏①、上尖下尒②。
丁為一㊀、為鉤、為丁、為木出頭字。
戊為土、為戈、為中開之類。
己為挑土、為半口、為巳頭、為曲。
庚為金，為庚。
辛為金旁，為辛。
壬為水、為曲、為壬字。
癸為水、為冰旁、為雙頭。

注釋

①為丿、㇏：撇和捺，是漢字的兩個基本筆畫。
②尒（yǎn）：物上大下小。

校勘記

㊀「一」，原文空缺一字，據《中國術數概觀•卜筮卷》原文補入。

3、地支類

子為水旁、為孑①、為鼠。
丑為土、為丑、為橫畫、為牛。
寅為木、為山、為宗、為寅字、為虎。
卯為木、為安頭、為卯字、為兔。
辰為土、為艮字象、為長意、為龍。
巳為火旁、為巳字、為屈曲、為蛇。
午為火、為日、為干字、為不字、為失字頭、為馬。
未為土、為來字、為多畫、為木旁、為羊。
申為金、為車旁、為猴。
酉為金、為而旁、為目旁、為堅洞旁、為雞。
戌為土、為戌、為成字、為犬。
亥為水、為絞絲頭、為猪。

注釋

①孑（jié）：用於姓字偏旁。

4、五行類

水為點水、為曲、為一六數。
火為火旁、為上尖下闊、為二七數。
木為木旁、為步頭、為竹頭、為人、十字象、為三八數。
金為金旁、為合字、為橫畫，為四九數。
土為土旁、為橫畫，為五十數。

虎易按：以上「占姓字」，分「八卦」、「天干」、「地支」、「五行」幾類，分別象偏旁字形和偏旁，去分析可能的姓名。和「占來情」、「達人事」一樣，也屬於猜測，有興趣的讀者，也可以按此方法，去和求測人對應這些信息。

六十二、占法卦數

正卦乾				變卦離
戌父	青	━━━━━	世	巳官
申兄	玄	━━━━━	○→	未父
午官	白	━━━━━		酉兄
辰父	騰	━━━━━	應	亥子
寅財	勾	━━━━━	○→	丑父
子子	朱	━━━━━		卯財 ㊀

假如乙丑年父辛巳月官丁酉日兄丁未時父，占得《乾》之《離》卦。

《火珠林》教例：035

時間： 乙丑年父　辛巳月官　丁酉日兄　丁未時父（旬空：辰巳）

	乾宮：乾為天（六冲）				離宮：離為火（六冲）		
六神	**本　卦**				**變　卦**		
青龍	父母壬戌土	▅▅▅▅▅	世		官鬼己巳火	▅▅▅▅▅	世
玄武	兄弟壬申金	▅▅▅▅▅		○→	父母己未土	▅▅　▅▅	
白虎	官鬼壬午火	▅▅▅▅▅			兄弟己酉金	▅▅▅▅▅	
螣蛇	父母甲辰土	▅▅▅▅▅	應		子孫己亥水	▅▅▅▅▅	應
勾陳	妻財甲寅木	▅▅▅▅▅		○→	父母己丑土	▅▅　▅▅	
朱雀	子孫甲子水	▅▅▅▅▅			妻財己卯木	▅▅▅▅▅	

《乾•九五》曰：“飛龍在天，利見大人”。

《乾•九二》曰：“見龍在田，利見大人”。

虎易按：原版錯位排在右邊。此是根據地支的五行，與卦中的六親所對應的六親。文中並附有《乾》卦九二、九五爻辭，按現代排卦方式，重新排卦如上。

「占法卦數」，採用同一個卦例，進行了三十個占測類型的分析。一方面說明了各種類型占測，分析和判斷方法。另一方面也說明，求測人求測某事，只要成一個卦，就可以對與求測人相關的不同事類，去提取不同信息進行分析和判斷。《增刪卜易》稱為「兼斷」，現代人稱為「一卦多斷」，其方法就來源於《火珠林》。

為便於讀者閱讀和對照理解，對每一種類型的占法，都附上此卦例，並按教例的順序，進行編號。

由於以下三十個占測類型的分析，並非都是按原卦例進行的，有些假定為不同的時間和條件，因此存在不同的差異之處，讀者宜仔細閱讀，謹慎思考，細心體會，理解其占法的各種變通方式，從細微之處見精神。

校勘記

㊀「財」，原本作「官」字，據變卦五行所納六親改作。

1、占來情

《火珠林》教例：036

時間： 乙丑年父　辛巳月官　丁酉日兄　丁未時父（旬空：辰巳）

占事： 占來情？

	乾宮：乾為天（六冲）				離宮：離為火（六冲）		
六神	**本　卦**				**變　卦**		
青龍	父母壬戌土	▅▅▅▅▅	世		官鬼己巳火	▅▅▅▅▅	世
玄武	兄弟壬申金	▅▅▅▅▅		○→	父母己未土	▅▅　▅▅	
白虎	官鬼壬午火	▅▅▅▅▅			兄弟己酉金	▅▅▅▅▅	
螣蛇	父母甲辰土	▅▅▅▅▅	應		子孫己亥水	▅▅▅▅▅	應
勾陳	妻財甲寅木	▅▅▅▅▅		○→	父母己丑土	▅▅　▅▅	
朱雀	子孫甲子水	▅▅▅▅▅			妻財己卯木	▅▅▅▅▅	

《乾•九五》曰：“飛龍在天，利見大人”。

《乾•九二》曰：“見龍在田，利見大人”。

以心易數於有易卦，我觸以干祿之機，甚吉。及施《乾》之九五「飛龍在天，利見大人」，而下兆有「見龍在田」。統思卦象，《乾》健化《離》，「出涕沱若，戚磋若，吉㊀」①，「黃離，元吉」②。復以六親法，卦中多者取來情。惟此印綬爻多，即知來者占求官也。

注釋

① 《離・六五》曰：「出涕沱若，戚磋若，吉」。

② 《離・六二》曰「黃離，元吉」。

校勘記

㊀「吉」，原文脫漏，據《離》卦六五爻辭補入。

2、占家宅

《火珠林》教例：037					
時間： 乙丑年父　辛巳月官　丁酉日兄　丁未時父（旬空：辰巳）					
占事： 占家宅？					
	乾宮：乾為天（六沖）			離宮：離為火（六沖）	
六神	**本　　卦**			**變　　卦**	
青龍	父母壬戌土 ▅▅▅▅▅	世		官鬼己巳火 ▅▅▅▅▅	世
玄武	兄弟壬申金 ▅▅▅▅▅		○→	父母己未土 ▅▅　▅▅	
白虎	官鬼壬午火 ▅▅▅▅▅			兄弟己酉金 ▅▅▅▅▅	
騰蛇	父母甲辰土 ▅▅▅▅▅	應		子孫己亥水 ▅▅▅▅▅	應
勾陳	妻財甲寅木 ▅▅▅▅▅		○→	父母己丑土 ▅▅　▅▅	
朱雀	子孫甲子水 ▅▅▅▅▅			妻財己卯木 ▅▅▅▅▅	
《乾•九五》曰：“飛龍在天，利見大人”。					
《乾•九二》曰：“見龍在田，利見大人”。					

卦中兩重父母，及年與時兩重。初夏占，其土絕，當知其屋舊象，可存四重或二重房。其三爻㊀甲辰之屋在內，却乃日旬空亡，兼以「君子終日乾乾，夕惕若，厉無咎」，《離》之九三「日昃之離」，之父為鬼①，此必一重，非言壞，則火焚。

其上九壬戌之屋高，值青龍，修舊之屋，可住。奈九二甲寅財動，青龍修中有剋，《乾》之上九「亢龍有悔」，《離》之上九「有嘉折首」。兼以鬼庫在戌，雖有寅爻相合，亦歲君丑刑戌，此屋必因女人，或財事破毀。

只有年時，及化《離》丑未四屋，零屋冲散復成之象。否則，棄其原，而重整其屋。且此土爻為屋，是前一代午火生來。午火亦是前二代寅木生來，寅木又是前三代子水生來，子水却是前四代申金生來。其申金《乾》化《離》卦，申金受剋，及其丑年為墓，巳月火，今為殺，當知此代消散。幸有化出书屋己未，及占時丁未生扶，易辭又吉，後復無妨。

注釋

①之父為鬼：指五爻變出之父母己未土，納音為天上火，火為本卦《乾》之官鬼。

校勘記

㊀「爻」字，原文脱漏，為協調文意補入。

3、占祖

《火珠林》教例：038

時間：乙丑年父　辛巳月官　丁酉日兄　丁未時父（旬空：辰巳）

占事：占祖？

	乾宮：乾為天（六冲）				離宮：離為火（六冲）		
六神	**本　卦**				**變　卦**		
青龍	父母壬戌土	▅▅▅▅▅▅	世		官鬼己巳火	▅▅▅▅▅▅	世
玄武	兄弟壬申金	▅▅▅▅▅▅		○→	父母己未土	▅▅　▅▅	
白虎	官鬼壬午火	▅▅▅▅▅▅			兄弟己酉金	▅▅▅▅▅▅	
騰蛇	父母甲辰土	▅▅▅▅▅▅	應		子孫己亥水	▅▅▅▅▅▅	應
勾陳	妻財甲寅木	▅▅▅▅▅▅		○→	父母己丑土	▅▅　▅▅	
朱雀	子孫甲子水	▅▅▅▅▅▅			妻財己卯木	▅▅▅▅▅▅	

《乾·九五》曰：“飛龍在天，利見大人”。

《乾·九二》曰：“見龍在田，利見大人”。

爻屬火官，四月占，當主加四。但火未盛，只以本數二①派②，為吉。

虎易按：「爻屬火官」，指表示「祖」的用神，是屬火的官鬼爻。此是按「生我者為父母」的體例，以生本卦父母爻者為祖，而轉換的用神。「二派」，大約是指尚存的祖輩人數，或是尚存的支派。

注釋

①本數二：指火的生數為二。

②派：支流、分支。

4、占父母

《火珠林》教例：039

時間： 乙丑年父　辛巳月官　丁酉日兄　丁未時父（旬空：辰巳）

占事： 占父母？

六神	**本卦**　乾宮：乾為天（六冲）				**變卦**　離宮：離為火（六冲）		
青龍	父母壬戌土	━━━	世		官鬼己巳火	━━━	世
玄武	兄弟壬申金	━━━		○→	父母己未土	━ ━	
白虎	官鬼壬午火	━━━			兄弟己酉金	━━━	
螣蛇	父母甲辰土	━━━	應		子孫己亥水	━━━	應
勾陳	妻財甲寅木	━━━		○→	父母己丑土	━ ━	
朱雀	子孫甲子水	━━━			妻財己卯木	━━━	

《乾•九五》曰：“飛龍在天，利見大人”。

《乾•九二》曰：“見龍在田，利見大人”。

屬土，本卦二重，年時二重，本土數五。蓋夏初占，絕滅，只二派，半吉。

虎易按：「本土數五」，此論或許並非只是指生身父母，而是泛指父母輩之人。「蓋夏初占，絕滅」，此論不太恰當。卦中雖然財爻寅木動，似乎可以剋父母土爻，但寅木受日令之剋，動爻申金之剋，無力剋父母。因此，在父母爻不受剋的情況下，應該論土受巳火之生，而不宜論土絕於巳。讀者可參閱《增删卜易•生旺墓絕章》相關論述。

5、占夫妻

《火珠林》教例：040								
時間：乙丑年父　辛巳月官　丁酉日兄　丁未時父（旬空：辰巳）								
占事：占夫妻？								
	乾宮：乾為天（六冲）				離宮：離為火（六冲）			
六神	本　卦				變　卦			
青龍	父母壬戌土	▅▅▅▅▅	世		官鬼己巳火	▅▅▅▅▅	世	
玄武	兄弟壬申金	▅▅▅▅▅		○→	父母己未土	▅▅　▅▅		
白虎	官鬼壬午火	▅▅▅▅▅			兄弟己酉金	▅▅▅▅▅		
螣蛇	父母甲辰土	▅▅▅▅▅	應		子孫己亥水	▅▅▅▅▅	應	
勾陳	妻財甲寅木	▅▅▅▅▅		○→	父母己丑土	▅▅　▅▅		
朱雀	子孫甲子水	▅▅▅▅▅			妻財己卯木	▅▅▅▅▅		
《乾•九五》曰：“飛龍在天，利見大人”。								
《乾•九二》曰：“見龍在田，利見大人”。								

寅木發動，及申金兄弟爻動，初夏木病，金生，主剋木。數三當減，則二個吉。

6、占子

《火珠林》教例：041							
時間： 乙丑年父　辛巳月官　丁酉日兄　丁未時父（旬空：辰巳）							
占事： 占子？							
	乾宮：乾為天（六冲）				離宮：離為火（六冲）		
六神	**本　　卦**				**變　　卦**		
青龍	父母壬戌土	▅▅▅▅▅	世		官鬼己巳火	▅▅▅▅▅	世
玄武	兄弟壬申金	▅▅▅▅▅		○→	父母己未土	▅▅　▅▅	
白虎	官鬼壬午火	▅▅▅▅▅			兄弟己酉金	▅▅▅▅▅	
騰蛇	父母甲辰土	▅▅▅▅▅	應		子孫己亥水	▅▅▅▅▅	應
勾陳	妻財甲寅木	▅▅▅▅▅		○→	父母己丑土	▅▅　▅▅	
朱雀	子孫甲子水	▅▅▅▅▅			妻財己卯木	▅▅▅▅▅	
《乾•九五》曰：“飛龍在天，利見大人”。							
《乾•九二》曰：“見龍在田，利見大人”。							

爻甲子水，初夏水絕，主一個吉。

虎易按：「主一個吉」。此是以水之生數為一。

7、占孫

《火珠林》教例：042							
時間：乙丑年父　辛巳月官　丁酉日兄　丁未時父（旬空：辰巳）							
占事：占孫？							
	乾宮：乾為天（六冲）				離宮：離為火（六冲）		
六神	**本　卦**				**變　卦**		
青龍	父母壬戌土	▅▅▅▅▅	世		官鬼己巳火	▅▅▅▅▅	世
玄武	兄弟壬申金	▅▅▅▅▅		○→	父母己未土	▅▅　▅▅	
白虎	官鬼壬午火	▅▅▅▅▅			兄弟己酉金	▅▅▅▅▅	
騰蛇	父母甲辰土	▅▅▅▅▅	應		子孫己亥水	▅▅▅▅▅	應
勾陳	妻財甲寅木	▅▅▅▅▅		○→	父母己丑土	▅▅　▅▅	
朱雀	子孫甲子水	▅▅▅▅▅			妻財己卯木	▅▅▅▅▅	
《乾•九五》曰：“飛龍在天，利見大人”。							
《乾•九二》曰：“見龍在田，利見大人”。							

爻屬木，旺㊀三。初夏雖盛將衰，終減一數。

虎易按：「爻屬木」，指占孫的用神，以本卦子孫甲子水所生之妻財甲寅木為用神。是按我生者為子，子生者為孫的方法，轉換六親後，卦中妻財寅木即為占孫之用神。親屬關係的轉換，讀者可以參考《易隱•身命占•六親》的相關內容。「爻屬木，旺三」，指木的生數為三。

校勘記

㊀「旺」，原本作「王」，按現代用字方式改作。

8、占灶

《火珠林》教例：043

時間： 乙丑年父　辛巳月官　丁酉日兄　丁未時父（旬空：辰巳）

占事： 占灶？

	乾宮：乾為天（六冲）				離宮：離為火（六冲）		
六神	**本　卦**				**變　卦**		
青龍	父母壬戌土	━━━━━━	世		官鬼己巳火	━━━━━━	世
玄武	兄弟壬申金	━━━━━━		○→	父母己未土	━━　━━	
白虎	官鬼壬午火	━━━━━━			兄弟己酉金	━━━━━━	
騰蛇	父母甲辰土	━━━━━━	應		子孫己亥水	━━━━━━	應
勾陳	妻財甲寅木	━━━━━━		○→	父母己丑土	━━　━━	
朱雀	子孫甲子水	━━━━━━			妻財己卯木	━━━━━━	

《乾•九五》曰：“飛龍在天，利見大人”。

《乾•九二》曰：“見龍在田，利見大人”。

宜財子爻方。此卦東北，西北，財子地吉。

碓①、廁以兄弟爻論，安靜吉。隨財子爻利。

注釋

①碓（duì）：用於去掉稻殼的腳踏驅動的傾斜的錘子，落下時砸在石臼中，去掉稻穀的皮。

9、占六畜

《火珠林》教例：044

時間：乙丑年父　辛巳月官　丁酉日兄　丁未時父（旬空：辰巳）

占事：占六畜？

	乾宮：乾為天（六冲）				離宮：離為火（六冲）		
六神	**本　卦**				**變　卦**		
青龍	父母壬戌土	▅▅▅▅▅	世		官鬼己巳火	▅▅▅▅▅	世
玄武	兄弟壬申金	▅▅▅▅▅		○→	父母己未土	▅▅　▅▅	
白虎	官鬼壬午火	▅▅▅▅▅			兄弟己酉金	▅▅▅▅▅	
螣蛇	父母甲辰土	▅▅▅▅▅	應		子孫己亥水	▅▅▅▅▅	應
勾陳	妻財甲寅木	▅▅▅▅▅		○→	父母己丑土	▅▅　▅▅	
朱雀	子孫甲子水	▅▅▅▅▅			妻財己卯木	▅▅▅▅▅	

《乾•九五》曰：“飛龍在天，利見大人”。

《乾•九二》曰：“見龍在田，利見大人”。

官鬼持四㊀處不吉，壬午鬼在四位，其四爻以羊為論，則當損羊。其餘畜養，宜財子方吉。

鬼谷辨爻法	
六爻	馬
五爻	牛
四爻	羊
三爻	猪
二爻	犬猫
初爻	雞鴨

校勘記

㊀「四」，原本作「世」字，據其卦理及文意改作。

10、占官符

《火珠林》教例：045							
時間：乙丑年父　辛巳月官　丁酉日兄　丁未時父（旬空：辰巳）							
占事：占官符？							
	乾宮：乾為天（六冲）				離宮：離為火（六冲）		
六神	本卦				變卦		
青龍	父母壬戌土	▅▅▅▅▅	世		官鬼己巳火	▅▅▅▅▅	世
玄武	兄弟壬申金	▅▅▅▅▅		○→	父母己未土	▅▅　▅▅	
白虎	官鬼壬午火	▅▅▅▅▅			兄弟己酉金	▅▅▅▅▅	
螣蛇	父母甲辰土	▅▅▅▅▅	應		子孫己亥水	▅▅▅▅▅	應
勾陳	妻財甲寅木	▅▅▅▅▅		○→	父母己丑土	▅▅　▅▅	
朱雀	子孫甲子水	▅▅▅▅▅			妻財己卯木	▅▅▅▅▅	
《乾•九五》曰："飛龍在天，利見大人"。							
《乾•九二》曰："見龍在田，利見大人"。							

壬午九四安静，兼合戌世，為吉。

注釋

①官符：舊時陰陽家所謂凶神之一。明•謝肇淛《五雜俎•天部二》：「今陰陽家禁忌，可謂極密……一日之中，則有白虎、黑殺、刀砧、天火、重喪、天賊、地賊、血支、血忌、歸忌、黑道、土瘟、天狗、大敗、蚩尤、官符、死炁、飛廉、受死、火星、河魁、鉤絞、焦坎、游禍、滅門、的呼等凶神」。

11、占火盜

《火珠林》教例：046							
時間：乙丑年父　辛巳月官　丁酉日兄　丁未時父（旬空：辰巳）							
占事：占火盜？							
	乾宮：乾為天（六冲）				離宮：離為火（六冲）		
六神	**本　卦**				**變　卦**		
青龍	父母壬戌土	▅▅▅▅▅	世		官鬼己巳火	▅▅▅▅▅	世
玄武	兄弟壬申金	▅▅▅▅▅		○→	父母己未土	▅▅　▅▅	
白虎	官鬼壬午火	▅▅▅▅▅			兄弟己酉金	▅▅▅▅▅	
騰蛇	父母甲辰土	▅▅▅▅▅	應		子孫己亥水	▅▅▅▅▅	應
勾陳	妻財甲寅木	▅▅▅▅▅		○→	父母己丑土	▅▅　▅▅	
朱雀	子孫甲子水	▅▅▅▅▅			妻財己卯木	▅▅▅▅▅	
《乾•九五》曰：“飛龍在天，利見大人”。							
《乾•九二》曰：“見龍在田，利見大人”。							

玄武臨申，兄弟劫財，七月忌盜。

朱雀臨甲子福德，火沉水底，無事。

虎易按：「七月忌盜」，此例以兄弟臨玄武劫財主盜賊，申金兄弟動，申對應農曆七月。《黃金策•總斷千金賦》曰：「玄武主盜賊之事，亦必官爻」。以上以官鬼或兄弟臨玄武主盜賊，讀者可以互相參考，變通應用。

「朱雀臨甲子福德」，此是以朱雀屬火而論火災。

以上論火盜，採用六神為主而論，似乎不宜。我的看法，應該以六親為主，六神為輔而論，更為恰當，供讀者參考。

12、占墓墳

《火珠林》教例：047							
時間： 乙丑年父　辛巳月官　丁酉日兄　丁未時父（旬空：辰巳）							
占事： 占墓墳？							
	乾宮：乾為天（六冲）				離宮：離為火（六冲）		
六神	**本　卦**				**變　卦**		
青龍	父母壬戌土	▅▅▅▅▅	世		官鬼己巳火	▅▅▅▅▅	世
玄武	兄弟壬申金	▅▅▅▅▅		○→	父母己未土	▅▅　▅▅	
白虎	官鬼壬午火	▅▅▅▅▅			兄弟己酉金	▅▅▅▅▅	
騰蛇	父母甲辰土	▅▅▅▅▅	應		子孫己亥水	▅▅▅▅▅	應
勾陳	妻財甲寅木	▅▅▅▅▅		○→	父母己丑土	▅▅　▅▅	
朱雀	子孫甲子水	▅▅▅▅▅			妻財己卯木	▅▅▅▅▅	
《乾•九五》曰：“飛龍在天，利見大人”。							
《乾•九二》曰：“見龍在田，利見大人”。							

隨用位而言。九五壬申，是父位之墳，兄弟發動，必主遷移。若問父墳，以支㊀爻墓辰九三爻是，乃知不高不低之所，可以類推。生世吉，刑冲破害凶。今辰戌巳亥冲剋，父墳欠利。

虎易按：「隨用位而言」，是指按「鬼谷辨爻」的方法，根據不同的親屬關係，選择相對應的爻位為用神。「九五壬申，是父位之墳」，鬼谷辨爻法，父墓為五爻，此是以對應六親爻位為用神。

「若問父墳，以支爻墓辰九三爻是」，卦中辰戌兩重父母爻，辰為水土之墓，所以選取辰土墓爻為用神，此是以卦中父母爻為用神。

鬼谷辨爻法	
六爻	祖墓
五爻	父墓
四爻	妻墓
三爻	兄弟墓
二爻	母墓
初爻	子墓

校勘記

㊀「支」，原本作「干」，據其卦理及文意改作。

13、占時下災福

《火珠林》教例：048

時間：乙丑年父　辛巳月官　丁酉日兄　丁未時父（旬空：辰巳）

占事：占時下災福？

	乾宮：乾為天（六冲）				離宮：離為火（六冲）		
六神	**本　　卦**				**變　　卦**		
青龍	父母壬戌土	▅▅▅▅▅	世		官鬼己巳火	▅▅▅▅▅	世
玄武	兄弟壬申金	▅▅▅▅▅		○→	父母己未土	▅▅　▅▅	
白虎	官鬼壬午火	▅▅▅▅▅			兄弟己酉金	▅▅▅▅▅	
螣蛇	父母甲辰土	▅▅▅▅▅	應		子孫己亥水	▅▅▅▅▅	應
勾陳	妻財甲寅木	▅▅▅▅▅		○→	父母己丑土	▅▅　▅▅	
朱雀	子孫甲子水	▅▅▅▅▅			妻財己卯木	▅▅▅▅▅	

《乾•九五》曰：“飛龍在天，利見大人”。

《乾•九二》曰：“見龍在田，利見大人”。

當以《乾》金為主。

見亥子水日㊀，為子孫。有生旺吉扶，主親喜作樂。逢空，則見僧道。

遇巳㊁午日，為官鬼，主客至。值凶殺，主見惡人。遇吉神，則喜客至。

逢辰戌丑未㊂月日，為印綬，臨龍德喜神，有文書交易。值凶神，主詞訟交爭。

逢申酉比肩之月日，凶則失財，口舌，吉則朋友講習。

逢寅卯妻財日㊃，吉則飲食宴樂，凶則破傷印綬。

虎易按：「當以《乾》金為主」，指以乾宮所屬五行屬金為「我」，將日辰所屬五行，與金（我）的關係，轉換為卦中六親。

校勘記

㊀㊃「日」，原文脱漏，據其注釋體例補入。

㊁「己」，原本作「乙」，疑誤，據其卦理及文意改作。

㊂「丑未」，原文脱漏，據其卦理及文意補入。

14、占大小限

《火珠林》教例：049

時間：乙丑年父　辛巳月官　丁酉日兄　丁未時父（旬空：辰巳）

占事：占大小限？

	乾宮：乾為天（六冲）				離宮：離為火（六冲）		
六神	**本　卦**				**變　卦**		
青龍	父母壬戌土	▅▅▅▅▅	世		官鬼己巳火	▅▅▅▅▅	世
玄武	兄弟壬申金	▅▅▅▅▅		○→	父母己未土	▅▅　▅▅	
白虎	官鬼壬午火	▅▅▅▅▅			兄弟己酉金	▅▅▅▅▅	
騰蛇	父母甲辰土	▅▅▅▅▅	應		子孫己亥水	▅▅▅▅▅	應
勾陳	妻財甲寅木	▅▅▅▅▅		○→	父母己丑土	▅▅　▅▅	
朱雀	子孫甲子水	▅▅▅▅▅			妻財己卯木	▅▅▅▅▅	

《乾•九五》曰：“飛龍在天，利見大人”。

《乾•九二》曰：“見龍在田，利見大人”。

五歲行一爻，初從世爻起，陽順陰逆。

此卦世在上九，五歲至世，青龍剋世①，喜中小滯。

六歲至十歲，行初九，逢福德，雖曰潛龍，亦吉之兆。

十一歲至十五，行九二甲寅，雖云寅午戌相合，終是合中有剋世之嫌，況其爻動，命在須臾②。

餘仿此。

虎易按：「五歲行一爻，初從世爻起，陽順陰逆」，指每個爻管五年，最初從世爻開始（即一至五歲），以世爻所臨之爻的陰陽，按陽順陰逆的方式運行。所謂順，即從下往上運行。所謂逆，即從上往下運行。此例《乾》卦，是陽爻持世，則順行（即從六爻後，回初爻，再往上行）。如《坤》卦，是陰爻持世，則逆行（即從六爻後，下行五、四、三、二、初爻）。

注釋

①青龍剋世：指青龍的五行屬性為木，剋世爻戌土。

②須臾（yú）：片刻，短時間。

15、占婚姻

《火珠林》教例：050							
時間：乙丑年父　辛巳月官　丁酉日兄　丁未時父（旬空：辰巳）							
占事：占婚姻？							
	乾宮：乾為天（六沖）				離宮：離為火（六沖）		
六神	**本　卦**				**變　卦**		
青龍	父母壬戌土	▅▅▅▅▅	世		官鬼己巳火	▅▅▅▅▅	世
玄武	兄弟壬申金	▅▅▅▅▅		○→	父母己未土	▅▅　▅▅	
白虎	官鬼壬午火	▅▅▅▅▅			兄弟己酉金	▅▅▅▅▅	
騰蛇	父母甲辰土	▅▅▅▅▅	應		子孫己亥水	▅▅▅▅▅	應
勾陳	妻財甲寅木	▅▅▅▅▅		○→	父母己丑土	▅▅　▅▅	
朱雀	子孫甲子水	▅▅▅▅▅			妻財己卯木	▅▅▅▅▅	
《乾•九五》曰：“飛龍在天，利見大人”。							
《乾•九二》曰：“見龍在田，利見大人”。							

兄動剋妻，財動傷翁，不吉。

16、占形色

《火珠林》教例：051							
時間： 乙丑年父　辛巳月官　丁酉日兄　丁未時父（旬空：辰巳）							
占事： 占形色？							
	乾宮：乾為天（六冲）				離宮：離為火（六冲）		
六神	**本　卦**				**變　卦**		
青龍	父母壬戌土	▅▅▅▅▅	世		官鬼己巳火	▅▅▅▅▅	世
玄武	兄弟壬申金	▅▅▅▅▅		○→	父母己未土	▅▅　▅▅	
白虎	官鬼壬午火	▅▅▅▅▅			兄弟己酉金	▅▅▅▅▅	
騰蛇	父母甲辰土	▅▅▅▅▅	應		子孫己亥水	▅▅▅▅▅	應
勾陳	妻財甲寅木	▅▅▅▅▅		○→	父母己丑土	▅▅　▅▅	
朱雀	子孫甲子水	▅▅▅▅▅			妻財己卯木	▅▅▅▅▅	
《乾•九五》曰：“飛龍在天，利見大人”。							
《乾•九二》曰：“見龍在田，利見大人”。							

內卦為心，外卦為貌。此卦占人，頭大貌圓，心事寬大。若占子爻貌，爻屬水貌，水臨於朱雀，其子必是貪酒，多口舌之徒，水之貌清秀，朱雀則紅潤。餘類推。

虎易按：從此例分析，可以說明，一個卦不僅可以分析求測人自身的信息，還可以分析與求測人相關的其他人和事物的各種信息，這就是一卦兼斷多個事物，近代人提出「一卦多斷」的說法，其來源於此。對於兼斷，《增刪卜易》認為，應該以分占為宜，這也是個很好的方法，請讀者參閱原著，理解作者的原意，理解其分析方法，在實踐中去應用。我的看法是，善用則用，在分析的過程中，要客觀的和求測人對應相關的信息，不宜主觀判斷，搞所謂的「鐵口直斷」，避免因分析不當，造成對求測人誤導。

17、占求官

《火珠林》教例：052

時間：乙丑年父　辛巳月官　丁酉日兄　丁未時父（旬空：辰巳）

占事：占求官？

	乾宮：乾為天（六冲）				離宮：離為火（六冲）		
六神	**本　　卦**				**變　　卦**		
青龍	父母壬戌土	━━━	世		官鬼己巳火	━━━	世
玄武	兄弟壬申金	━━━		○→	父母己未土	━ ━	
白虎	官鬼壬午火	━━━			兄弟己酉金	━━━	
騰蛇	父母甲辰土	━━━	應		子孫己亥水	━━━	應
勾陳	妻財甲寅木	━━━		○→	父母己丑土	━ ━	
朱雀	子孫甲子水	━━━			妻財己卯木	━━━	

《乾•九五》曰：“飛龍在天，利見大人”。

《乾•九二》曰：“見龍在田，利見大人”。

易辭本吉。甲寅財動傷文，壬申兄動有阻。直待午火官，辰土印綬年，可求吉。

18、占蠶

《火珠林》教例：053				
時間： 乙丑年父　辛巳月官　丁酉日兄　丁未時父（旬空：辰巳）				
占事： 占蠶？				
	乾宮：乾為天（六冲）			離宮：離為火（六冲）
六神	**本　卦**			**變　卦**
青龍	父母壬戌土 ▅▅▅▅▅	世		官鬼己巳火 ▅▅▅▅▅ 世
玄武	兄弟壬申金 ▅▅▅▅▅		○→	父母己未土 ▅▅　▅▅
白虎	官鬼壬午火 ▅▅▅▅▅			兄弟己酉金 ▅▅▅▅▅
騰蛇	父母甲辰土 ▅▅▅▅▅	應		子孫己亥水 ▅▅▅▅▅ 應
勾陳	妻財甲寅木 ▅▅▅▅▅		○→	父母己丑土 ▅▅　▅▅
朱雀	子孫甲子水 ▅▅▅▅▅			妻財己卯木 ▅▅▅▅▅
《乾•九五》曰：“飛龍在天，利見大人”。				
《乾•九二》曰：“見龍在田，利見大人”。				

初為蠶種，子孫臨尅。九二財爻發動，蠶苗大旺。九三辰爻，平平。九四火官出巽，火時，火鬼旺，不吉。九五上臨比肩爻動，劫財不利。

虎易按：「初為蠶種，子孫臨尅」，此分析似乎不當。子水雖然絕於月，但得日生。卦中兄財兩動，兄弟臨日尅財、生子孫。日月動爻，並無尅子孫之象。如果要說是年和時上丑未土尅子水，就比較牽强了。

19、占疾病

《火珠林》教例：054							
時間：乙丑年父　辛巳月官　丁酉日兄　丁未時父（旬空：辰巳）							
占事：占疾病？							
	乾宮：乾為天（六沖）				離宮：離為火（六沖）		
六神	本　卦				變　卦		
青龍	父母壬戌土	━━━	世		官鬼己巳火	━━━	世
玄武	兄弟壬申金	━━━		○→	父母己未土	━ ━	
白虎	官鬼壬午火	━━━			兄弟己酉金	━━━	
騰蛇	父母甲辰土	━━━	應		子孫己亥水	━━━	應
勾陳	妻財甲寅木	━━━		○→	父母己丑土	━ ━	
朱雀	子孫甲子水	━━━			妻財己卯木	━━━	
《乾·九五》曰：「飛龍在天，利見大人」。							
《乾·九二》曰：「見龍在田，利見大人」。							

壬午火鬼，正值九四爻，火鬼主熱。若占父母，其九二木財發動，必傷。幸九五金一制，其病可痊，但牽連未脫。餘類推。

20、占姓字

《火珠林》教例：055					
時間：乙丑年父　辛巳月官　丁酉日兄　丁未時父（旬空：辰巳）					
占事：占姓字？					
	乾宮：乾為天（六冲）			離宮：離為火（六冲）	
六神	本　卦			變　卦	
青龍	父母壬戌土 ▅▅▅▅▅	世		官鬼己巳火 ▅▅▅▅▅	世
玄武	兄弟壬申金 ▅▅▅▅▅		○→	父母己未土 ▅▅　▅▅	
白虎	官鬼壬午火 ▅▅▅▅▅			兄弟己酉金 ▅▅▅▅▅	
螣蛇	父母甲辰土 ▅▅▅▅▅	應		子孫己亥水 ▅▅▅▅▅	應
勾陳	妻財甲寅木 ▅▅▅▅▅		○→	父母己丑土 ▅▅　▅▅	
朱雀	子孫甲子水 ▅▅▅▅▅			妻財己卯木 ▅▅▅▅▅	
《乾•九五》曰：“飛龍在天，利見大人”。					
《乾•九二》曰：“見龍在田，利見大人”。					

水一、火二、木三、金四、土五，隨時加減。其占卦之日丁酉，以金配火鬼，酉四火二，其名則六，又為四、為二之名。以酉日合《乾》《離》，火鬼重《離》，却成昌字。若發動剋日剋世，同鬼論之。

21、占求財

《火珠林》教例：056

時間：乙丑年父　辛巳月官　丁酉日兄　丁未時父（旬空：辰巳）

占事：占求財？

	乾宮：乾為天（六冲）				離宮：離為火（六冲）		
六神	**本　卦**				**變　卦**		
青龍	父母壬戌土	▅▅▅▅▅	世		官鬼己巳火	▅▅▅▅▅	世
玄武	兄弟壬申金	▅▅▅▅▅		○→	父母己未土	▅▅　▅▅	
白虎	官鬼壬午火	▅▅▅▅▅			兄弟己酉金	▅▅▅▅▅	
螣蛇	父母甲辰土	▅▅▅▅▅	應		子孫己亥水	▅▅▅▅▅	應
勾陳	妻財甲寅木	▅▅▅▅▅		○→	父母己丑土	▅▅　▅▅	
朱雀	子孫甲子水	▅▅▅▅▅			妻財己卯木	▅▅▅▅▅	

《乾•九五》曰："飛龍在天，利見大人"。

《乾•九二》曰："見龍在田，利見大人"。

九二財動，求之必有。九五比肩爻動，阻而未得也。買賣同此推之。

22、占出行

《火珠林》教例：057							
時間：乙丑年父　辛巳月官　丁酉日兄　丁未時父（旬空：辰巳）							
占事：占出行？							
	乾宮：乾為天（六沖）				離宮：離為火（六沖）		
六神	**本　　卦**				**變　　卦**		
青龍	父母壬戌土	▅▅▅▅▅	世		官鬼己巳火	▅▅▅▅▅	世
玄武	兄弟壬申金	▅▅▅▅▅		○→	父母己未土	▅▅　▅▅	
白虎	官鬼壬午火	▅▅▅▅▅			兄弟己酉金	▅▅▅▅▅	
騰蛇	父母甲辰土	▅▅▅▅▅	應		子孫己亥水	▅▅▅▅▅	應
勾陳	妻財甲寅木	▅▅▅▅▅		○→	父母己丑土	▅▅　▅▅	
朱雀	子孫甲子水	▅▅▅▅▅			妻財己卯木	▅▅▅▅▅	
《乾•九五》曰：“飛龍在天，利見大人”。							
《乾•九二》曰：“見龍在田，利見大人”。							

財動本吉，玄武值乎比肩，臨在道路，主盜失財，行人同忌。

23、占行人歸期

《火珠林》教例：058

時間：乙丑年父　辛巳月官　丁酉日兄　丁未時父（旬空：辰巳）

占事：占行人歸期？

六神	本卦（乾宮：乾為天（六冲））				變卦（離宮：離為火（六冲））		
青龍	父母壬戌土	▅▅▅▅▅▅	世		官鬼己巳火	▅▅▅▅▅▅	世
玄武	兄弟壬申金	▅▅▅▅▅▅		○→	父母己未土	▅▅　▅▅	
白虎	官鬼壬午火	▅▅▅▅▅▅			兄弟己酉金	▅▅▅▅▅▅	
騰蛇	父母甲辰土	▅▅▅▅▅▅	應		子孫己亥水	▅▅▅▅▅▅	應
勾陳	妻財甲寅木	▅▅▅▅▅▅		○→	父母己丑土	▅▅　▅▅	
朱雀	子孫甲子水	▅▅▅▅▅▅			妻財己卯木	▅▅▅▅▅▅	

《乾•九五》曰：“飛龍在天，利見大人”。

《乾•九二》曰：“見龍在田，利見大人”。

本甲寅日或寅日到，因兄弟動有阻，遇旬方來。

24、占怪異

《火珠林》教例：059							
時間：乙丑年父　辛巳月官　丁酉日兄　丁未時父（旬空：辰巳）							
占事：占怪異？							
	乾宮：乾為天（六冲）				離宮：離為火（六冲）		
六神	**本　卦**				**變　卦**		
青龍	父母壬戌土	▅▅▅▅▅	世		官鬼己巳火	▅▅▅▅▅	世
玄武	兄弟壬申金	▅▅▅▅▅		○→	父母己未土	▅▅　▅▅	
白虎	官鬼壬午火	▅▅▅▅▅			兄弟己酉金	▅▅▅▅▅	
騰蛇	父母甲辰土	▅▅▅▅▅	應		子孫己亥水	▅▅▅▅▅	應
勾陳	妻財甲寅木	▅▅▅▅▅		○→	父母己丑土	▅▅　▅▅	
朱雀	子孫甲子水	▅▅▅▅▅			妻財己卯木	▅▅▅▅▅	
《乾•九五》曰：“飛龍在天，利見大人”。							
《乾•九二》曰：“見龍在田，利見大人”。							

騰蛇臨於九三，猪獺之怪，主子孫不安。財動主失財，兄動反成驚恐。

25、占遷居

《火珠林》教例：060					
時間：乙丑年父　辛巳月官　丁酉日兄　丁未時父（旬空：辰巳）					
占事：占遷居？					
	乾宮：乾為天（六冲）			離宮：離為火（六冲）	
六神	**本　　卦**			**變　　卦**	
青龍	父母壬戌土 ▅▅▅▅▅	世		官鬼己巳火 ▅▅▅▅▅	世
玄武	兄弟壬申金 ▅▅▅▅▅		○→	父母己未土 ▅▅　▅▅	
白虎	官鬼壬午火 ▅▅▅▅▅			兄弟己酉金 ▅▅▅▅▅	
騰蛇	父母甲辰土 ▅▅▅▅▅	應		子孫己亥水 ▅▅▅▅▅	應
勾陳	妻財甲寅木 ▅▅▅▅▅		○→	父母己丑土 ▅▅　▅▅	
朱雀	子孫甲子水 ▅▅▅▅▅			妻財己卯木 ▅▅▅▅▅	
《乾•九五》曰：“飛龍在天，利見大人”。					
《乾•九二》曰：“見龍在田，利見大人”。					

財動兄發，尊被㊀妻剋。

虎易按：「尊被妻剋」，指父母尊長爻被動財所剋。但動財被日令和動兄剋，原文没有論述，提請讀者注意分辨。

校勘記

㊀「被」，原本作「破」字，疑誤，據其卦理及文意改作。

26、占覆射

《火珠林》教例：061							
時間： 乙丑年父　辛巳月官　丁酉日兄　丁未時父（旬空：辰巳）							
占事： 占覆射？							
	乾宮：乾為天（六冲）				離宮：離為火（六冲）		
六神	**本　卦**				**變　卦**		
青龍	父母壬戌土	▅▅▅▅▅	世		官鬼己巳火	▅▅▅▅▅	世
玄武	兄弟壬申金	▅▅▅▅▅		○→	父母己未土	▅▅　▅▅	
白虎	官鬼壬午火	▅▅▅▅▅			兄弟己酉金	▅▅▅▅▅	
騰蛇	父母甲辰土	▅▅▅▅▅	應		子孫己亥水	▅▅▅▅▅	應
勾陳	妻財甲寅木	▅▅▅▅▅		○→	父母己丑土	▅▅　▅▅	
朱雀	子孫甲子水	▅▅▅▅▅			妻財己卯木	▅▅▅▅▅	
《乾·九五》曰："飛龍在天，利見大人"。							
《乾·九二》曰："見龍在田，利見大人"。							

財官兩見，內外俱實。《乾》《離》本圓，其辰戌相沖，則破。春末夏初，財鬼兩旺，則銅錢之象。

27、占謁人

《火珠林》教例：062							
時間：乙丑年父　辛巳月官　丁酉日兄　丁未時父（旬空：辰巳）							
占事：占謁人？							
	乾宮：乾為天（六冲）				離宮：離為火（六冲）		
六神	**本　卦**				**變　卦**		
青龍	父母壬戌土	▅▅▅▅▅	世		官鬼己巳火	▅▅▅▅▅	世
玄武	兄弟壬申金	▅▅▅▅▅		○→	父母己未土	▅▅　▅▅	
白虎	官鬼壬午火	▅▅▅▅▅			兄弟己酉金	▅▅▅▅▅	
騰蛇	父母甲辰土	▅▅▅▅▅	應		子孫己亥水	▅▅▅▅▅	應
勾陳	妻財甲寅木	▅▅▅▅▅		○→	父母己丑土	▅▅　▅▅	
朱雀	子孫甲子水	▅▅▅▅▅			妻財己卯木	▅▅▅▅▅	
《乾•九五》曰：“飛龍在天，利見大人”。							
《乾•九二》曰：“見龍在田，利見大人”。							

世應比和，本為大吉。奈辰戌相冲，財兄俱動，送物不納，反成虛驚。

28、占走失

《火珠林》教例：063					
時間：乙丑年父　辛巳月官　丁酉日兄　丁未時父（旬空：辰巳）					
占事：占走失？					
	乾宮：乾為天（六冲）			離宮：離為火（六冲）	
六神	**本　卦**			**變　卦**	
青龍	父母壬戌土 ▅▅▅	世		官鬼己巳火 ▅▅▅	世
玄武	兄弟壬申金 ▅▅▅		○→	父母己未土 ▅ ▅	
白虎	官鬼壬午火 ▅▅▅			兄弟己酉金 ▅▅▅	
螣蛇	父母甲辰土 ▅▅▅	應		子孫己亥水 ▅▅▅	應
勾陳	妻財甲寅木 ▅▅▅		○→	父母己丑土 ▅ ▅	
朱雀	子孫甲子水 ▅▅▅			妻財己卯木 ▅▅▅	
《乾•九五》曰："飛龍在天，利見大人"。					
《乾•九二》曰："見龍在田，利見大人"。					

其卦世在上九，走遠。其世為方，在戌地。其應為所，值父母，在父母之家。若占失財，財動必出。若占人口，口㊀動不見

校勘記

㊀原文此處留有兩個空白，以格式看，應該是兩個字，以口標識。

29、占產育

《火珠林》教例：064							
時間：	乙丑年父　辛巳月官　丁酉日兄　丁未時父（旬空：辰巳）						
占事：	占產育？						
	乾宮：乾為天（六冲）				離宮：離為火（六冲）		
六神	**本　卦**				**變　卦**		
青龍	父母壬戌土	━━━━━	世		官鬼己巳火	━━━━━	世
玄武	兄弟壬申金	━━━━━		○→	父母己未土	━━　━━	
白虎	官鬼壬午火	━━━━━			兄弟己酉金	━━━━━	
騰蛇	父母甲辰土	━━━━━	應		子孫己亥水	━━━━━	應
勾陳	妻財甲寅木	━━━━━		○→	父母己丑土	━━　━━	
朱雀	子孫甲子水	━━━━━			妻財己卯木	━━━━━	
《乾·九五》曰："飛龍在天，利見大人"。							
《乾·九二》曰："見龍在田，利見大人"。							

《乾》在內化《離》，本易生。奈兄動㊀、財動，產難之兆。

校勘記

㊀「動」，原本作「鬼」字，疑誤，據其卦理及文意改作。

30、占晴雨

《火珠林》教例：065

時間：乙丑年父　辛巳月官　丁酉日兄　丁未時父（旬空：辰巳）

占事：占晴雨？

	乾宮：乾為天（六沖）				離宮：離為火（六沖）		
六神	**本　卦**				**變　卦**		
青龍	父母壬戌土	▅▅▅▅▅	世		官鬼己巳火	▅▅▅▅▅	世
玄武	兄弟壬申金	▅▅▅▅▅		○→	父母己未土	▅▅　▅▅	
白虎	官鬼壬午火	▅▅▅▅▅			兄弟己酉金	▅▅▅▅▅	
騰蛇	父母甲辰土	▅▅▅▅▅	應		子孫己亥水	▅▅▅▅▅	應
勾陳	妻財甲寅木	▅▅▅▅▅		○→	父母己丑土	▅▅　▅▅	
朱雀	子孫甲子水	▅▅▅▅▅			妻財己卯木	▅▅▅▅▅	

《乾•九五》曰：“飛龍在天，利見大人”。

《乾•九二》曰：“見龍在田，利見大人”。

木財動而風多，壬水發而雨動，只為《乾》化《離》，不久當晴。

六十三、易道心性

易道逐心，出於混元。
大道逐性，出於神仙。

易本逐心，天地合體，陰陽假神，出於混元。一得一失，皆在日月盈虧，一離一合，皆從無而立有。故易本逐心，人靈神輔，顯明在乎信，吉凶在乎人。

或問：易道逐心，何也？

答曰：心要至虛至靈，以誠信為主。凡占卜，存心道性，不可一毫私念起於中。取用爻象，在乎果決，不要狐疑，妙處當以心會神領，有不可言傳者也。如此則神靈輔助，隨吾取舍而用之，自然靈驗矣，故易道逐心。

又曰：麻衣六親，各有為主。以世、應、日、月、飛、伏、動、靜，曉此道理，刻期而應。復以剋、合、刑、害、墓、旺、空、冲，知此八宗，與神奧通。

六十四、邵堯夫詩曰

吉凶只在面前決，禍福無勞日後知，從此敢開天地口，老夫非是爱吟詩。

火珠林序

易以卜筮尚其占①，該括②萬變，神矣！妙矣！繼自四聖人③後，易卜以錢代蓍④，法後天八宮卦，變以致用，實補前人未備之一端，見《京房易傳》，未詳始自何人⑤。先賢云：「後天八宮卦，變六十四卦，即《火珠林》法」。則是書當為錢卜所宗仰⑥也，特派衍支分⑦，人爭著述，炫奇標異，原旨反晦。

今得麻衣道者鈔本，反覆詳究。其論六親，財官輔助，合世應、日月、飛伏、動靜，並剋害、刑合、墓旺、空冲以定斷。與時傳易卜，同中有異，古法可參。如所云「卦定根源，六親為主，爻究傍通，五行而取」，即《京君明海底眼⑧》「不離元宮五向推」之旨也。又云：「惟以財官伏五鄉，而定吉凶」。以世下伏爻為的⑨，即郭景純⑩飛伏神，「以世爻為準，卦卦宜詳審之」之訣也。中間條解詳明，圓機獨握。

蓋易貴通變，尤貴玄微。是書潔淨精微，真易卜之正義也，至神而明之，存乎其人，是在善於學易者。

古歙⑪吳智臨⑫序

注釋

①易以卜筮（bǔ shì）尚其占：《周易•系辭•上》曰：「《易》有聖人之道四焉：以言者尚其辭，以動者尚其變，以制器者尚其象，以卜筮者尚其占」。古時預測吉凶，用龜甲稱卜，用蓍草稱筮，合稱卜筮。

②該括：包羅，概括。

③四聖人：指伏羲（xī），文王，周公，孔子。

④以錢代蓍（shī）：指用三個铜錢的起卦方式，代替古代用蓍草揲（shé）蓍的起卦方式。

⑤《京氏易傳》：目前存世最早的版本，是天一閣（明•兵部侍郎范欽訂）本。

⑥宗仰：推崇景仰。

⑦派衍支分：指宗族支派繁衍分支。

⑧《京君明海底眼》：考《宋史•志第一百五十九•藝文五》著錄《通玄海底眼》一卷，元代有《增注周易神應六親百章海底眼》，明末著作《易隱》參引書目有《京君明海底眼》，大約是明代書籍的名稱。

⑨的：確實、實在。

⑩郭景純：郭璞（pú）（276年—324年），字景純，河東聞喜縣人（今山西省聞喜縣）。璞撰前後筮驗六十餘事，名為《洞林》。其著今已不得見，僅由《周易啟蒙翼傳•外篇》

保存了十幾個卦例，是我們目前能看到的應用京氏易納甲六親占卦法的最早應用記錄。參閱《晉書‧列傳第四十二‧郭璞》。

⑪古歙（Shè）：歙州建於隋，隋煬帝時一度稱新安。州府歙縣（現徽城鎮），地域包括現今的安徽黃山市轄地域、宣城市績溪縣、旌德縣和石台縣南部以及江西婺源。宋徽宗於宣和三年（1121年）改稱為徽州。

⑫吳智臨：《中國文學批評文獻學‧第七章‧清代文學批評文獻》記載：「《唐詩續評》、《唐詩增評》吳修塢、吳智臨等撰」。知其為清代人。

校注參考文獻資料

《周易》
《易隱》
《尚書》
《漢書》
《宋史》
《明史》
《論衡》
《原鬼》
《廣雅》
《字觸》
《三國志》
《清史稿》
《納音說》
《字觸補》

《祛疑說》
《五雜俎》
《京氏易傳》
《卜筮全書》
《易林補遺》
《增删卜易》
《周易本義》
《文獻通考》
《朱子語類》
《夢溪筆談》
《郡齋讀書志》
《直齋書錄解題》
《御定星曆考原》
《中國術數概觀》
《易學啟蒙翼傳外篇》
《大易斷例卜筮元龜》

《增注周易神應六親百章海底眼》
《新鍥纂集諸家全書大成斷易天機》

校注後記

本稿從2003年8月18日初稿錄入校對完成，至今已經歷時十一年了。這十一年來，根據讀者們的反應，對本書很多不易理解的內容，經過多次反覆校勘，不斷補充一些注釋，修訂過幾稿。後又得到清刻《百二漢鏡齋秘書四種•火珠林》本，以此版本重新校注，至今天終於讓我稍覺滿意，可以作為最後的修訂稿了。

我整理這些古籍的初衷，是本着「為往聖繼絕學，為後世傳經典」為基本宗旨。整理的基本原則，是以疏通原著文意為主，對原文中不易理解的內容，以及容易混淆的概念，加以注釋，力求疏通文意，便於讀者閱讀理解。希望能讓後學的朋友們，能從閱讀本書的過程中，了解京氏易納甲六親占卦法的源流，以及對比後世的著作，明白和了解京氏易納甲六親占卦法的傳承和發展過程，不至於被一些所謂的「秘籍」和「大師」們所誤導。

為繼承和發揚這一門學術，我做了這麼一點基礎的工作，足矣。由於本人才疏學淺，雖然經歷多次修訂，但不一定就正確理解了先賢的本意，掛一漏萬，錯誤或闕漏之處，在所難免，誠望方家不吝指正，得以糾正其中之誤，不至於誤導後學。

我從《中國國家圖書館•中國古籍善本書目》聯合導航系統，查得存世古籍有明刻本《新刻火珠林一卷》，惜至今無緣得見。其收藏處如下：

新刻火珠林一卷　新刻大小六壬課一卷　明胡文煥輯——百家名書一百種二百二十三卷

[明胡文煥編　明萬曆胡氏文會堂刻本　十行二十字白口左右雙邊]【旅大市圖書館】收藏

新刻火珠林一卷　新刻大小六壬課一卷　明胡文煥辑——百家名書一百三種二百二十九卷

[明胡文煥編　明萬曆胡氏文會堂刻本 清方功惠跋]【山東省圖書館】收藏

有興趣的讀者，及喜歡學術研究的學者，可作為查詢參考。

初校稿完成於：2008年9月45日

二校稿完成於：2011年10月12日

三校注釋定稿：2014年9月20日

統一重校定稿：2019年7月3日

京氏易學爱好者 湖北省潛江市 虎易

網名：虎易

QQ：77090074

微信：wxid_e9cvbx1mugcf22

電子邮箱：tiger1955@163.com

新浪博客：http://blog.sina.com.cn/hbhy

http://blog.sina.com.cn/u/1248458677

占筮類			
1	擲地金聲搜精秘訣	心一堂編	沈氏研易樓藏稀見易占秘鈔本
2	卜易拆字秘傳百日通	心一堂編	
3	易占陽宅六十四卦秘斷	心一堂編	火珠林占陽宅風水秘鈔本
星命類			
4	斗數宣微	【民國】王裁珊	民初最重要斗數著述之一；未刪改本
5	斗數觀測錄	【民國】王裁珊	失傳民初斗數重要著作
6	《地星會源》《斗數綱要》合刊	心一堂編	失傳的第三種飛星斗數
7	《斗數秘鈔》《紫微斗數之捷徑》合刊	心一堂編	珍稀「紫微斗數」舊鈔秘本
8	斗數演例	心一堂編	
9	紫微斗數全書（清初刻原本）	題【宋】陳希夷	斗數全書本來面目；有別於錯誤極多的坊本
10－12	鐵板神數（清刻足本）——附秘鈔密碼表	題【宋】邵雍	無錯漏原版 秘鈔密碼表 首次公開！
13－15	蠢子數纏度	題【宋】邵雍	蠢子數連密碼表 打破數百年秘傳 首次公開！
16－19	皇極數	題【宋】邵雍	清鈔孤本附起例及完整密碼表 研究神數必讀！
20－21	邵夫子先天神數	題【宋】邵雍	附手鈔密碼表 研究神數必讀！
22	八刻分經定數（密碼表）	題【宋】邵雍	皇極數另一版本；附手鈔密碼表
23	新命理探原	【民國】袁樹珊	子平命理必讀教科書！
24－25	袁氏命譜	【民國】袁樹珊	
26	韋氏命學講義	【民國】韋千里	民初二大命理家南袁北韋
27	千里命稿	【民國】韋千里	
28	精選命理約言	【民國】韋千里	北韋之命理經典
29	滴天髓闡微——附李雨田命理初學捷徑	【民國】袁樹珊、李雨田	命理經典未刪改足本
30	段氏白話命學綱要	【民國】段方	民初命理經典最淺白易懂
31	命理用神精華	【民國】王心田	學命理者之寶鏡

32	命學探驪集	【民國】張巢雲	發前人所未發　稀見民初子平命理著作
33	澹園命談	【民國】高澹園	
34	算命一讀通——鴻福齊天	【民國】不空居士、覺先居士合纂	
35	子平玄理	【民國】施惕君	
36	星命風水秘傳百日通	心一堂編	
37	命理大四字金前定	題【晉】鬼谷子王詡	源自元代算命術
38	命理斷語義理源深	心一堂編	稀見清代批命斷語及活套
39－40	文武星案	【明】陸位	失傳四百年《張果星宗》姊妹篇　千多星盤命例　研究命學必備
相術類			
41	新相人學講義	【民國】楊叔和	失傳民初白話文相術書
42	手相學淺說	【民國】黃龍	民初中西結合手相學經典
43	大清相法	心一堂編	重現失傳經典相書
44	相法易知	心一堂編	
45	相法秘傳百日通	心一堂編	
堪輿類			
46	靈城精義箋	【清】沈竹礽	沈氏玄空遺珍　玄空風水必讀
47	地理辨正抉要	【清】沈竹礽	
48	《玄空古義四種通釋》《地理疑義答問》合刊	沈瓞民	
49	《沈氏玄空吹虀室雜存》《玄空捷訣》合刊	【民國】申聽禪	
50	漢鏡齋堪輿小識	【民國】查國珍、沈瓞民	
51	堪輿一覽	【清】孫竹田	失傳已久的無常派玄空經典
52	章仲山挨星秘訣（修定版）	【清】章仲山	章仲山無常派玄空珍秘　門內秘本首次公開
53	臨穴指南	【清】章仲山	
54	章仲山宅案附無常派玄空秘要	心一堂編	沈竹礽等大師尋覓一生末得之珍本！
55	地理辨正補	【清】朱小鶴	玄空六派蘇州派代表作
56	陽宅覺元氏新書	【清】元祝垚	簡易・有效・神驗之玄空陽宅法
57	地學鐵骨秘　附　吳師青藏命理大易數	【民國】吳師青	釋玄空廣東派地學之秘
58－61	四秘全書十二種（清刻原本）	【清】尹一勺	玄空湘楚派經典本來面目　有別於錯誤極多的坊本

編號	書名	作者	簡介
占筮類			
121	卜易指南（二種）	【清】張孝宜	民國經典，補《增刪卜易》之不足
122	未來先知秘術——文王神課	【民國】張了凡	內容淺白、言簡意賅、條理分明
星命類			
123	人的運氣	汪季高（雙桐館主）	五六十年香港報章專欄結集！
124	命理尋源	【民國】徐樂吾	民國三大子平命理家徐樂吾必讀經典！
125	訂正滴天髓徵義		
126	滴天髓補註 附 子平一得		
127	窮通寶鑑評註 附 增補月談賦 四書子平		
128	古今名人命鑑		
129-130	紫微斗數捷覽（明刊孤本）［原（彩）色本］ 附 點校本 （上）（下）	馮一、心一堂術數古籍整理編校小組 整理	明刊孤本 首次公開！
131	命學金聲	【民國】黃雲樵	民國名人八字、六壬奇門推命
132	命數叢譚	【民國】張雲溪	子平斗數共通、百多民國名人命例
133	定命錄	【民國】張一蟠	民國名人八十三命例詳細生平
134	《子平命術要訣》《知命篇》合刊	【民國】鄒文耀、【民國】胡仲言撰	《子平命術要訣》科學命理；《知命篇》易理皇極、命理地理、奇門六壬互通
135	科學方式命理學	閻德潤博士	匯通八字、中醫、科學原理！
136	八字提要	韋千里	民國三大子平命理家韋千里必讀經典！
137	子平實驗錄	【民國】孟耐園	作者四十多年經驗 占卜奇靈 名震全國！
138	民國偉人星命錄	【民國】囂囂子	幾乎包括所民初總統及國務總理八字！
139	千里命鈔	韋千里	失傳民初三大命理家-韋千里 代表作
140	斗數命理新篇	張開卷	現代流行的「紫微斗數」內容及形式上深受本書影響
141	哲理電氣命數學——子平部	【民國】彭仕勛	命局按三等九級格局、不同術數互通借用
142	《人鑑——命理存驗・命理擷要》（原版足本）附《林庚白家傳》	【民國】林庚白	傳統子平學修正及革新、大量名人名例
143	《命學苑苑刊——新命》（第一集）附《名造評案》《名造類編》等	【民國】林庚白、張一蟠等撰	史上首個以「唯物史觀」來革新子平命學結集
相術類			
144	中西相人探原	【民國】袁樹珊	按人生百歲，所行部位，分類詳載
145	新相術	【美國】字拉克福原著、【民國】沈有乾編譯	通過觀察人的面相身形、色澤舉止等，得知性情、能力、習慣、優缺點等
146	骨相學	【民國】風萍生編著	結合醫學中生理及心理學，影響近代西、日、中相術深遠
147	人心觀破術 附運命與天稟	【日本】管原如庵、加藤孤雁原著，【民國】唐真如譯	觀破人心、運命與天稟的奧妙

148	《人相學之新研究》《看相偶述》合刊	盧毅安	集中外大成，無不奇驗；影響近代香港相術名著
149	冰鑑集	【民國】碧湖鷗客	各家相法精華、相術捷徑、圖文並茂附名人照片
150	《現代人相百面觀》《相人新法》合刊	【民國】吳道子輯	失傳民初相學經典二種 重現人間！
151	性相論	【民國】余晉龢	民初北平公安局專論相學與犯罪專著（犯罪學生物學派）
152	《相法講義》《相理秘旨》合刊	韋千里、孟瘦梅	命理學大家韋千里經典、傳統相術秘籍精華
153	《掌形哲學》附《世界名人掌形》《小傳》	【民國】余萍客	圖文并茂、附歐美名人掌形圖及生平簡介
154	觀察術	【民國】吳貴長	可補充傳統相術之不足
堪輿類			
155	羅經消納正宗	【明】沈昇撰、【明】史自成、丁孟章合纂	失傳四庫存目珍稀風水古籍
156	風水正原		●積德為求地之本，形家必讀！
157	安溪地話（風水正原二集）	【清】余天藻	●純宗形家，與清代欽天監地理風水主張大致相同
158	《蔣子挨星圖》附《玉鑰匙》	傳【清】蔣大鴻等	窺知無常派章仲山一脈真傳奧秘
159	樓宇寶鑑	吳師青	陽宅風水必讀、現代城市樓宇風水看法改革
160	《香港山脈形勢論》《如何應用日景羅經》合刊		香港風水山脈形勢專著
161	三元真諦稿本——讀地理辨正指南	【民國】王元極	被譽為蔣大鴻、章仲山後第一人 內容直接了當，盡揭三元玄空家之秘
162	三元陽宅萃篇		
163	王元極增批地理冰海 附批點原本地理冰海	【清】高守中【民國】王元極	
164	地理辨正發微	【清】唐南雅	極之清楚明白，披肝露膽
165-167	增廣沈氏玄空學 附 仲山宅斷秘繪稿本三種、自得齋地理叢說稿鈔本（上）（中）（下）	【清】沈竹礽	玄空必讀經典！附《仲山宅斷》幾種鈔本及批點本，畫龍點睛、披肝露膽，道中刊印本未點破的秘訣
168-169	巒頭指迷（上）（下）	【清】尹貞夫原著、【民國】何廷珊增訂、批注	圖文并茂：龍、砂、穴、水、星辰九十九變 洩漏天機：蔣大鴻、賴布衣挨星秘訣及用法
170-171	三元地理真傳（兩種）（上）（下）	【清】趙文鳴	蔣大鴻嫡派真傳張仲馨一脈二十種家傳秘本、宅墓案例三十八圖，並附天星擇日
172	三元宅墓圖 附 家傳秘冊		
173	宅運撮要	【民國】尤惜陰（演本法師）、榮柏雲	撮三集《宅運新案》之精要
174	章仲山秘傳玄空斷驗筆記 附 章仲山斷宅圖註	【清】章仲山傳、【清】唐鷺亭纂	無常派玄空不外傳秘中秘！二宅實例有斷驗及改造內容
175	汪氏地理辨正發微 附 地理辨正真本	【清】蔣大鴻、姜垚原著、【清】汪云吾發微	蔣大鴻嫡派張仲馨一脈三元理、法、訣具體泄露 三百年來最佳《地理辦正》註解！石破天驚！
176	蔣大鴻家傳歸厚錄汪氏圖解	【清】蔣大鴻、【清】汪云吾圖解	
177	蔣大鴻嫡傳三元地理秘書十一種批注	【清】蔣大鴻原著、【清】汪云吾、【清】劉樂山註	

178	《星氣(卦)通義(蔣大鴻秘本四十八局圖并打劫法)》《天驚秘訣》合刊	題【清】蔣大鴻 著	江西興國真傳三元風水秘本
179	蔣大鴻嫡傳天心相宅秘訣全圖附陽宅指南等秘書五種	【清】蔣大鴻編訂、【清】汪云吾、劉樂山註	蔣大鴻徒張仲馨秘傳陽宅風水「教科書」！
180	家傳三元地理秘書十三種		真天宮之秘 千金不易之寶
181	章仲山門內秘傳《堪輿奇書》附《天心正運》	【清】章仲山傳、【清】華湛恩	直洩無常派章仲山玄空風水不傳之秘
182	《挨星金口訣》、《王元極增批補圖七十二葬法訂本》合刊	[民國]王元極	秘中秘——玄空挨星真訣公開！字字千金！
183-184	《家傳三元古今名墓圖集附謝氏水鉗》《蔣氏三元名墓圖集》合刊(上)(下)	(清)孫景堂，劉樂山，張稼夫	蔣大鴻嫡傳風水宅案、幕講師、蔣大鴻、姜垚等名家多個實例，破禁公開！
185-186	《山洋指迷》足本兩種 附《尋龍歌》(上)(下)	【明】周景一	風水巒頭形家必讀《山洋指迷》足本！
187-196	蔣大鴻嫡傳水龍經注解 附 虛白廬藏珍本水龍經四種(1-10)	【清】蔣大鴻編訂、【清】楊臥雲、汪云吾、劉樂山註	蔣大鴻嫡傳一脈授徒秘笈 希世之寶 千年以來，師師相授之秘旨，破禁公開！完整了解蔣氏嫡派真傳一脈三元理、法、訣！附已知最古《水龍經》鈔本等五種稀見《水龍經》
197	批注地理辨正直解		
198	《天元五歌闡義》附《元空秘旨》(清刻原本)	【清】章仲山	無常派玄空必讀經典未刪改本！
199	心眼指要(清刻原本)		
200	華氏天心正運	【清】華湛恩	
201-202	批注地理辨正再辨直解合編(上)(下)	【清】蔣大鴻原著、【清】姚銘三再註、【清】章仲山直解	失傳姚銘三玄空經典重現人間！名家：沈竹礽、王元極推薦！
203	章仲山注《玄機賦》《元空秘旨》附《口訣中秘訣》《因象求義》等九種合刊	【清】章仲山	近三百年來首次公開！ 章仲山無常派玄空秘密，和盤托出！章仲山注《玄機賦》及章仲山原傳之口訣及筆記
204	章仲山門內真傳《三元九運挨星篇》《運用篇》《挨星定局篇》《口訣篇》等合刊	【清】章仲山、柯遠峰等	
205	章仲山門內真傳《大玄空秘圖訣》《天驚訣》《飛星要訣》《九星斷略》《得益錄》等合刊	【清】章仲山、冬園子等	
206	撼龍經真義	吳師青註	近代香港名家吳師青必讀經典
207	章仲山嫡傳《翻卦挨星圖》《秘鈔元空秘旨》附《秘鈔天元五歌闡義》	【清】章仲山傳、【清】王介如輯撰	透露章仲山家傳玄空嫡傳學習次弟及關鍵不傳之秘
208	章仲山嫡傳秘鈔《秘圖》《節錄心眼指要》合刊		
209	《談氏三元地理大玄空實驗》附《談養吾秘稿奇門占驗》	【民國】談養吾撰	史上首次公開「無常派」下卦起星等挨星秘密之書
210	《談氏三元地理濟世淺言》附《打開一條生路》		了解談氏入世的易學卦德爻象思想
211-215	《地理辨正集註》附《六法金鎖秘》《巒頭指迷真詮》《作法雜綴》等(1-5)	【清】尋緣居士	集《地理辨正》一百零八家註解大成精華匯巒頭及蔣氏、六法、無常、湘楚等秘本史上最大篇幅的《地理辨正》註解
216	三元大玄空地理二宅實驗(足本修正版)	【民國】尤惜陰(演本法師)、榮柏雲撰	三元玄空無常派必讀經典足本修正版

217	蔣徒呂相烈傳《幕講度針》附《元空秘斷》《陰陽法竅》《挨星作用》	【清】呂相烈	蔣大鴻門人呂相烈三元秘本三百年來首次破禁公開！
218	挨星撮要（蔣徒呂相烈傳）		
219-221	《沈氏玄空挨星圖》《沈註章仲山宅斷未定稿》《沈氏玄空學（四卷原本）》合刊（上中下）	【清】沈竹礽 等	揭開沈氏玄空挨星五行吉凶斷的變化及不同用法 章仲山宅斷未刪本、沈氏玄空學原本佚文、玄空挨星圖稿鈔本 大公開！
222	地理穿透真傳（虛白廬藏清初刻原本）	【清】張九儀	三合天星家宗師張九儀畢生地學精華結集
223-224	地理元合會通二種（上）（下）	【清】姚炳奎	分發兩家（三元、三合）之秘，會通其用詳解注羅盤（蔣盤、賴盤）；義理、斷驗俱精
其他類			
225	天運占星學 附 商業周期、股市粹言	吳師青	天星預測股市，神準經典
226	易元會運	馬翰如	《皇極經世》配卦以推演世運與國運
三式類			
227	大六壬指南（清初木刻五卷足本）		六壬學占驗課案必讀經典海內善本
228-229	甲遁真授秘集（批注本）（上）（下）	【清】薛鳳祚	明清皇家欽天監秘傳奇門遁甲 奇門、易經、皇極經世結合經典
230	奇門詮正	【民國】曹仁麟	簡易、明白、實用，無師自通！
231	大六壬探源	【民國】袁樹珊	民初三大命理家袁樹珊研究六壬四十餘年代表作
232	遁甲釋要	【民國】徐昂	推衍遁甲、易學、洛書九宮大義！
233	《六壬卦課》《河洛數釋》《演玄》合刊		疏理六壬、河洛數、太玄隱義！
234	六壬指南（【民國】黃企喬）	【民國】黃企喬	失傳經典 大量實例
選擇類			
235	王元極校補天元選擇辨正	原【清】謝少暉輯、【民國】王元極校補	三元地理天星選日必讀
236	王元極選擇辨真全書 附 秘鈔風水選擇訣	【民國】王元極	王元極天昌館選擇之要旨
237	蔣大鴻嫡傳天星選擇秘書注解三種	【清】蔣大鴻編訂、【清】楊臥雲、汪云吾、劉樂山註	蔣大鴻陰陽二宅天星擇日日課案例！
238	增補選吉探源	【民國】袁樹珊	按表檢查，按圖索驥：簡易、實用！
239	《八風考略》《九宮撰略》《九宮考辨》合刊	沈瓞民	會通沈氏玄空飛星立極、配卦深義
其他類			
240	《中國原子哲學》附《易世》《易命》	馬翰如	國運、世運的推演及預言

心一堂術數古籍整理叢刊

全本校註增刪卜易	【清】野鶴老人	李凡丁（鼎升）校註
紫微斗數捷覽（明刊孤本）附點校本	傳【宋】陳希夷	馮一、心一堂術數古籍整理小組點校
紫微斗數全書古訣辨正	傳【宋】陳希夷	潘國森辨正
應天歌（修訂版）附格物至言	【宋】郭程撰 傳	莊圓整理
壬竅	【清】無無野人小蘇郎逸	劉浩君校訂
奇門祕覈（臺藏本）	【元】佚名	李鏘濤、鄭同校訂
臨穴指南選註	【清】章仲山 原著	梁國誠選註
皇極經世真詮—國運與世運	【宋】邵雍 原著	李光浦

心一堂當代術數文庫

心一堂易學經典文庫　已出版及即將出版書目

宋本焦氏易林（上）（下）	【漢】焦贛
周易易解（原版）（上）（下）	【清】沈竹礽
《周易示兒錄》附《周易說餘》	【清】沈竹礽
三易新論（上）（中）（下）	沈瓞民
《周易孟氏學》《周易孟氏學遺補》《孟氏易傳授考》	沈瓞民
京氏易八卷（清《木犀軒叢書》刊本）	【漢】京房
京氏易傳古本五種	【漢】京房
京氏易傳箋註	【民國】徐昂
推易始末	【清】毛奇齡
刪訂來氏象數圖說	【清】張恩霨
周易卦變解八宮說	【清】吳灌先
易觸	【清】賀子翼
易義淺述	何遯翁